JN250842

藤井誠二
FUJII SEIJI

ネット時代の「取材学」

真実を見抜き、他人とつながる コミュニケーション力の育て方

［巻末付録］
津田大介氏との特別対談

IBCパブリッシング

はじめに
教科書を捨てて取材に出よう

大学をきちんと出ていないぼくが大学で教えるということに、いささかの戸惑いと気恥ずかしさを感じてきました。

ぼくが二十歳をすぎたあたりから仕事として続けてきた「取材して社会に伝える」という経験を学生に話してほしいと、友人の大学教員から頼まれたことがきっかけですが、行き当たりばったりで授業を続けながら、もう十数年も経とうとしています。その教員は今や副学長になりました。

いまでも戸惑いが入り交じった気持ちはそんなに変わりませんが、臨時で行った大学なども含めると、いままでに受講した学生は二千人近いと思います。

大学の非常勤講師として、一介の物書きであるぼくが担当している授業は「ノンフィクション論」とか「取材学」というふうに呼ばれています。いわゆる大学で学ぶ「ジャーナリズム論」的なものではありません。「ノンフィクション（映像も含めて）を読んで、観て、考えて、自分でなにかを取材して書く」という、従来の大学のメニューには少ない試行的なものです。ですが、きっとものめずらしさも手伝ったのでしょう、たくさんの学生が聴講してくれ、かつ学生からは高い評価を受けてきました。本業の合間をぬって慣れない「授業」に一生懸命取り組んできた甲斐があります。

授業の内容をひとことで言うと、学生のみなさんになにかについて「取材」をしてもらい、最終目的は二千字以上の文章にまとめてもらうこと。それを、ぼくが採点するのです。直接、誰かに会えているか。聴きたいことを質問できているか。自分で調べているか。その場所に身を置いて考えているか等、「取材」ということを実践しているかどうかは文章にあらわれます。

ペアになってお互いをインタビューし合って、互いの「人物ルポ」を書いてもらったり、自分を取材(セルフノンフィクション)して作品を書いてもらったりというスタイルもありですが、原則的には自由に取材したいテーマを設定してルポを書いてもらうことにしています。講義期間の関係で文章指導まではとてもおよびませんが、学生が自ら「取材してみたい」というなにかしらが出てくることを目指しています。

授業ではぼくの作品を中心にさまざまなノンフィクション作品を読んでもらったり、ドキュメンタリー映像を観てもらったりします。そして学生たちと意見を交換しながら、解説を加えていきます。当然、「ノンフィクション」とはなんなのか、ノンフィクションにおける取材とはなんなのかも話します。

なかには将来メディア業界で働きたいと思っている学生もいますが、大半はちがう進路を希望している学生です。ですから、役に立たなくて退屈に感じているかもしれないと思っていました。きっと単位が取りやすそうだったから来ているのだろうな、と。

ただ、心理系であれ、営業職であれ、仕事の多くは人とコミュニケーションするちから、とりわけ「聴くちから」というものが求められるので、ノンフィクションライターとしての経験から導き出したぼくの経験則をいろいろな仕事や環境でも生かしてほしいという思いで続けてきました。すると、回を重ねていくうちに想定外の反応が増えてきたのです。

取材するっておもしろい。取材でいろいろな人に会えて楽しい。いままで他人と話すのが苦手だったけど、「取材」で人に会っていくうちにだんだんそうじゃなくなってきた。家族と何年も話していなかったけど、「取材」してみたら話すことができた。自分に自信がなかったけど、自身の過去を「取材」して人に伝えることによって、それを克服できるかもしれないと思うようになった等々、学生たちは「取材」することで何らかの発見をしていったのです。

ぼくは、あれあれっと思いました。

ある女子学生は、いつも通学路で見かけるホームレスの支援雑誌を売る人に興味を持っていました。売っている人もホームレスで、売り上げの何割かが取り分になり、それを元手に自立をしていくという社会運動であるということも知っていました。

でも、いつも通学のときに横目で見るのだけど、声をかけて雑誌を買う人を彼女は見たことがありませんでした。彼の生活がいい方向に向かっているのか気になるのだけど、声をかけることができない。ぼくの授業を受けて、彼を取材しようと心に決め、何度も何度も前を通りすぎて、だんだんと会釈をするようになり、あるとき意を決して声をかけ、話すことができるようになりました。

彼女が道端や喫茶店で「彼」と話していると、通行人たちにじろじろと見られたそうです。彼女はそういう通行人を軽蔑（けいべつ）しながらも、逃げ出したい気持ちを抱えてインタビューをしたそうです。話したいと思っているのに、一方、どこかで近づきたくないという意識も持っている自分がいることを自覚しながら。

ホームレスを襲ったりする事件がときおり起きます。襲うのは中学生や高校生など十代の若者たちが目につきます。ムシャクシャしている気分や、彼らが町のゴミ扱いをされているという意識が共有され、「ああいう人間なら襲ってもいい」という極端な差別意識が植え込まれての凶行です。彼女自身も、加害者に反発を抱きながらも、心のどこかにある加害者と同じような意識を消すことはできなかったそうです。

それでも「取材」を続け、どんな人生を送ってきたのか、家族はいるのか、どんなときがいちばん楽しいかなどを細かく聴き取っていきました。

その女子学生は中学のときいじめられた体験で不登校になり、自己肯定感も薄くなり、他者を信用できないトラウマを抱えているという状態にありました。大学も休学をしたりしていました。その彼女がぼくの授業を受けるうちに、前から関心を持っていたホームレスの支援雑誌を売る人に取材してみようと思ったのは、ホームレスとして社会から排除の視線で見られている人々と、自分自身の生きづらさと通じ合うものがあったからかもしれません。授業で「取材」をしなければならない、という課題が彼女の背中を押したのです。

その取材をきっかけに彼女は少しだけ、大嫌いだった自分を取り巻く「世界」との付き合い方を変えたようです。彼女はぼくにこう声をかけてくれました。

「取材って楽しいですね。人に伝える仕事に興味がわきました」

それまでは将来のやりたいことも見えないどころか、トラウマに苦しみながら生活していた学生が少しだけ前向きに変わったのです。

学生たちの反応を大雑把に分析すると、取材という行為が学生たちを能動的にさせ、自分を他者に伝えることの楽しさを知り、知らないことやわからなかったことを他者に聴いて知るという喜びを知る、そして自分も変わっていく。こういう進化を自覚できたのではないでしょうか。

この本の内容は、主に二つの大学の非常勤講師として、あるいは折々に依頼された大学や各種講座等での講演や授業を核にしながら、いくつかの雑誌等に書かせてもらった文章を加筆・訂正したものを編み込んでいます。

講義にゲストとして来てくれたぼくの知己は「取材」を生業(なりわい)とするインタビュアーやジャーナリストであったり、社会学者であったり、精神科医だったりします。人からなにかを聴き出す達人たちです。彼らとぼくの経験知から「取材」のセオリーのようなものを提示しながら、「取材」はマスコミ専門職のための技術ではなく、子どもでも大人でも使える「学びの方法」であり、「人と関わるための技術」であることを伝えてみたいと思ったのです。

講義には他大学からの聴講者も少なくありませんでした。ぼくは点数にも単位にもならない他大学の学生にも同じ課題を出しました。お世辞だとはわかっているけれど、提出してくれたレポートに「大学で受けたいちばん楽しかった授業」と書き添えてくれた学生もいました。

中学や高校でも総合学習などの時間を使って地域のお年寄りの話を聴いたり、歴史を調べたりする実践的な授業があると思います。なかには地域のお年寄りの戦争体験を聴き取り、本にしているプロ顔負けの学校もあります。大学では、プロのライターに指導を受けて取材をし、それをもとに書く授業をしているところがいくつかあり、その記録や方法が出版されている例もあります。この本は子どもたちや若者たちが使うことができる、「取材」技術のヒントになればいいと思って編みました。

いきなり教室を出て取材に出かけるより、少しだけ教室で学んでから外に飛び出して行ったほうが、きっといい「取材」ができるでしょうし、「取材」することによって得られる満足感や喜びがもう少しだけ増すことにつながると思います。寺山修司の言葉をもじって言えば「教科書を捨てて取材に出よう」です。

いまの時代、「取材」抜きにはあらゆる表現は成り立ちません。小説であれ、漫画であれ、映画や演劇であれ、題材にする当事者に実際に会いに行ったり、現場に身を置いてみたりしている方々が大半だと思います。題材にもよりますが、文献などの資料と本人の想像力だけでやれてしまう人はおそらくきわめて少数でしょう。ノンフィクションの手法がすべての表現の基本にあるといっても過言ではないのです。

ですから、漫画や小説表現を専攻する大学の学部からも定期的に声をかけてもらっています。

本書に収めた、ぼくが過去に発表した文章のうち、どうして「取材して伝えること」を続けてきたのか、続けてこられたのかという「個人史」について記したものもあります。高校時代にあることがきっかけで本を出版することになったいきさつから、プロになるつもりはなくて何度もやめようと思ったこと、それでもやめなかった理由、ライターとして自信が持てない時期が長かったこと等々、「取材して伝える」生活に身を沈めつつも悩んできたことを時系列に吐き出した文章です。学生たちはぼくの「青春の記」を自分と重ね合わせながら読んでくれるようです。

ぼくは授業の冒頭でそれらを配布して、質問を受けます。いわゆる「ノンフィクション」をまったく読んだ経験のない学生がほとんどですし、したがって「取材して伝える」という仕事についてイメージできていません。ですが、どうしてぼくがこの仕事を続けているのかをまず理解してもらうことにより、大げさに言えば、ぼくが「ノンフィクションによって人や社会と関わりを持ち、生かされてきた」感覚を少しでも伝えたいからです。（この「はじめに」は、二〇〇九年七月に刊行した『大学生からの「取材学」』に載せた文章に加筆をしたものです）

二〇一七年八月

藤井誠二（ふじいせいじ）

ネット時代の「取材学」　目次

課外授業　自分の「入れ替え可能性」について

4時間目　相手の怒りから逃げてはいけない

5時間目 「あたりまえ」のことをする

6時間目 パターン認識で相手との共通項をさがす

13時間目　必ず「生身」に触れること

【対談】ネット時代の取材学

津田大介×藤井誠二　231

ネット時代の「取材学」

真実を見抜き、他人とつながるコミュニケーション力の育て方

0時間目
人に会って話を聴く

取材とは人と通じ合うこと

ふつう「取材」というと、マスコミやジャーナリズムなどメディアの世界だけの専門的行為だと思われるかもしれません。

たしかにぼくらは取材をして、それを活字や映像などを使って表現をして世の中に伝えます。表現方法によって「取材」の占める重要度は異なりますが、ノンフィクションでは取材は表現の出発点でもあり、取材をしながら思考を深めていきますから、表現そのものの出来不出来を左右する大事な行為です。つまり他者や世の中にうまく伝えるためには、まず「いい取材」ができていることが大切ということです。

授業では個人の「体験」も取材の一種として扱うことにします。というのは、旅や仕事など、個人の体験を通じて蓄積された記憶をベースにノンフィクションを書くこともできるからです。ただし、記憶だけでは書けませんから、記憶を言葉に置き換えるときに、事実の真偽を確認したり、記憶を補強するための資料や情報を集めたりという取材が必要になります。

取材は資料や文献を集めたり、町を歩いたり、自分の舌で食べ物を味わったり、物事を観察したり、類書を読んだりすることももちろんそうですが、「人に会って話を聴くこと」が大原則です。つまり取材とは、他者とのコミュニケーションの方法のひとつであり、物事を見る視点のことなのです。もっとひらたく言えば、うまく人の話を聴くこと、聴き出すこと、受け止めることなのです。

人の話を「聴く」ことは、その内容にもよりますが、簡単に考えてはいけません。「話を聴かせてください」と水を向ければ、誰もが「はい、わかりました」と答えてくれることばかりではないのです。さらに相手の深い部分から言葉を引き出そうとすることは難しいです。そのためには短期のタームであれ、長期のタームであれ、人間関係を築かなくてはなりません。さまざまな取材のルールやスキルがそれを助けてくれます。

取材とは人とつながることであり、わかり合うことであり、通じ合うことです。ですから「いい取材」とは、それらがうまくいったと実感できることなのですが、言いかえれば取材のスキルには普遍性があり、メディア業界以外の日常でも「使える」ものなのです。営業の仕事であれ、人の悩みを聴く仕事であれ、介護の仕事であれ、犯罪をした疑いのある人を取り調べる仕事であれ、さまざまな職業で「使え」ます。もちろん家庭内や職場、学校といった生活の場でも応用できることなのだと、ぼくは思います。

人の話を聴くのがうまい人、というのがいます。なにかと相談されやすい人もいます。もちろん、生まれつきの性格もあるでしょうが、そういう人たちには意識的にか無意識にかは関係なく、共通点があると思います。ぼくが授業に来てもらった知己はみなそういう人たちで、自分の「人に話を聴く」スキルを自らの体験のなかで客観的にとらえ、確立している人たちです。

まずは、彼らの体験に裏打ちされたスキルと、ぼく自身の体験から読み進めてほしいと思います。

話を聴く技術①　相手の話にピリオドを打たない

ぼくがある雑誌でインタビューをさせていただいたのを機に親しくさせていただいている、精神科医の名越康文さん（註1）に授業に来てもらいました。

名越さんはバラエティ番組に出演したり、漫画の原作を手がけたりするなど、精神医療の現場の枠を超えた仕事をされています。精神科医はもちろんメディアの職業ではありませんが、患者から心のうちを聴き出し、治療を進めていくという「取材」のプロフェッショナルでなければできない仕事です。

そういう意味では、「聴き出す」スキルが仕事の中核をなす職業というのはたくさんあります。たとえば「警察官」も被疑者の内面を引き出していかねばならないし、営業職も相手のニーズを的確につかんで商品を売り込まねばなりません。逆にいえば取材のスキルというのはいろいろな職業に応用がきくのです。

取材において、相手の話を的確に引き出していくスキルが重要なのはいうまでもありませんが、それは相手がすでに用意している回答を順序よく聴き出すことではありません。

よい聴き手は、話し手自身も忘れていたこと、あるいは尋ねられて初めて気づくようなことを話の流れのなかで自然と導き出すものです。

そのときインタビューは一方通行的に行われるものではなく、行きつ戻りつしながら、聴かれる側にとっても驚きを共有する豊かな場になりえます。

名越さんは以前にバラエティ番組『グータン 自分探しバラエティ』にレギュラーで出演していましたが、同番組で彼は、タレントの身ぶりや言動から、性格分析を「体癖論」を交えつつ行っていました。

体癖論とは、個人の生理や心理の傾向は、体の癖として表現され、その延長で人格を形成するというものです。名越さんはこの体癖論と出会い、「体を見ることと、精神状態を見ることは深くリンクする」ということがわかってきたと言います。それをもとに、名越さん一流のコミュニケーション、相手と感応していく方法を確立しました。

スタジオでのやりとりでなにより特徴的だったのは、テレビ向けのキャラクターを演じているはずのタレントが名越さんの指摘により「実は……」「本当は……」といった調子で身の上話を切り出したり、その言動の意味を名越さんに指摘されたりして顔が上気したり、ほころんだりするシーンでした。人が胸襟を開く瞬間を、段取りと予定調和だらけのテレビ番組で観られるのはぼくも楽しみでした。

このように、相手の内面に入り込むことはコミュニケーションの真骨頂であり、それは言葉によって相手の苦しみや問題を引き出すということでもあります。カウンセリングとインタビューとはむろん異なるけれど、当然そこにはさまざまなコミュニケーションの方法が必要とされ、経験に裏打ちされた技術があるだろうと、ぼくは思いました。

名越さんの場合、そういったコミュニケーションスキルをどうやって磨いたのでしょうか。

「一時期三百人あまりの患者を抱え、深夜二時前に寝られるのは週に一度あればいいほうでした。〝ゴールデンタイム〟は夜十時から二時にかけてで、多いときで四～五人から緊急の電話がかかってきました。そうした緊急の電話のなかには、自殺念慮にかられた人もいるから、もう生きるか死ぬかの電話なんです。生き死にの瀬戸際に立たされた人間の言葉に対して、それに応える側の言葉が薄いと、相手の負っている切迫した現実に負けてしまうんです。かといって、相手の言っている内容にビビッドに反応していたら、相手の動揺と共振しているだけで、相手は冷静さを取り戻すことができません」

カウンセリングルームや電話をとおして患者と向き合う。そこで彼がまず心がけることは、とりわけカウンセリングのファーストコンタクトでは、

「どこから話してくれてもいいように、『どうしました?』としか言わないこと」

と名越さんは言います。

「患者さんは自分の人生がバラバラになりそうな状況で、生半可な気持ちでは来ていない。どうかし

ているのは当然です。そうでありながら、『どうしました？』としか尋ねない。あるいは、『今日の朝はなにをしましたか？』とか『今日はなにを食べましたか？』といった、どうとでも答えられるような質問をします。そうすると、相手は『そういえば、食べられないです』とか『恋人が行けって言ったから来たんです』などと返してきます。そうやって最初はどうでもいいことから会話が始まっていくんです。

落語でいう『まくら』があったほうが、かえって情報はたくさん入ります。『今日は雨のなかよく来てくれたね』とか言ったほうが、いろいろわかるということなんです。たとえば、そう言って窓を見たら、まだこの人は窓を見る余裕があるということです。でも『そんなことはどうでもいいんです』と下を向いている人は、気もそぞろで、日常の挨拶（あいさつ）や普通のコミュニケーションができないほど大変なんだとわかるわけです。ただ、『食べられてますか？』『眠れてますか？』とこちらから具体的に尋ねてそれに答えてもらっても、その人の日常のテンションという、ものすごく大事なことが抜けてしまうことが往々にしてあるからなんです」

一般的な取材でも相手がとても疲れていそうだったら、まず「ずいぶんお疲れのようですね？」と水を向けてみることがあります。「いや、そうでもありませんよ」と返答されたら、そのあたりは聴いてほしくないことがわかりますが、「そうなんですよ。いまこんなことをしていてね」とか「昨夜、遅くまでこんなことをしていたんです」とその人が目下もっとも熱中していることや、追われていることの話をしてくれる場合も往々にしてあります。

何気ない会話のなかに、実はたくさんの会話の芽や情報が含まれているのです。

話のまくらには、間口の広い話によって、相手を引き込むという役割があります。コミュニケーションにおいても、一見どうでもいい話がどうでもよくないのは、特別な演出は相手に緊張を強いますが、普通の話題は相手に解放感をもたらす効果があるからです。

自分の見方で相手を見るのではなく、まず相手を肯定し、言葉が発せられるのを待つ。特別なコミュニケーションにしないことが、相手の話を十分に引き出すうえで重要なのです。

たとえば幼少期に親から虐待されていたことをとめどなく話し続ける人がいたとします。そういう場合、なぜ親が虐待をしたのかについて、その人なりにある程度の結論は出ていることが多いといいます。けれど、「そうなんだけど、そう思いたくない」という思いもあり、常に揺らいでいるものなのだというのです。その揺らぎに対して決して、「それが葛藤の原因だ」とはっきり特定しないことが大切なのだと名越さんは言います。

「トラウマがある」「葛藤がある」といった自分自身へのラベリングを認めることは、一般的に了解可能な、安全な域に自分を留めるだけであり、自分そのものに向き合っていないともいえます。そうした口当たりのいい言葉を答えさせるインタビューは、本質に迫っているとはいえません。

カウンセリングもインタビューもなにか結論めいたものを引き出すことを目的としないほうがいい、名越さんの話を聴いていてぼくもそう思いました。

とくに次の名越さんの言葉は印象深く耳に残りました。

「その人に起こったあらゆること、その人の語ったあらゆることのなかには〝意味〟があるんです。カウンセリングは相対する患者さんに同調することなしに深いレベルの話は聴けません。それには、たとえば『なんだこんな人生を送ってきて』とか『つまらないことを言っているな』と相手を否定するという疑いから始めるのではなく、なんであれ、相手の人生を良きものとしてとらえることから始めることなのです」

「良きものとしてとらえる」とは、あえて無理に評価するのではなく、起きたことは起きたこととして認めるということでしょう。コミュニケーションにおいて、否定から入らないというのは、偏見を抱かないということでもありますが、それ以上の意味合いがあります。

名越さんは言います。

「相手が真剣に話していると、すごく否定したくなったり、無視したくなったり、あるいは、つい『つまんない』と思ったりします。でも、そのとき、実は否定する側、そういう態度で聴いている側のほうがずっと窮地に立っているんです。それを見たくないから『つまんない』と蓋(ふた)をする。本当は、その人が不安にかられているんです」

なるほど、とぼくは思いました。相手を否定することで明らかになるのは、自分の見方以外を認めない頑(かたく)なな態度なのです。それは否定する側の抱えている不安が、直視させまいとしてそうさせる。

それでは実際に目の前で起きていることがらを柔軟にとらえることはできないはずです。だから、いかに相手を「否定しないで待つ」かが重要になってきます。

「待つことはとても大事です。だから言わせる技術より、言わせない技術がすごく大切だと思います。つまり、まとめさせないということです。『要するに、僕はトラウマがあるんですよね』とか『僕は母親との間に葛藤があるんです』というのは、なんにも語っていないことといっしょなんです」

そこで持ち出されているトラウマや葛藤は問題の原因ではなく、聴き手に了解してほしい願望のあらわれであり、また話し手の理解できる範囲の自己像にすぎないということなのです。トラウマや葛藤は「要するに」といった整序された、平面的な言葉で語られることは決してありません。本質的な話を避けるために、不安からそういうことを言うのです。

つまり、「なにを言っているか」ではなく、「なにを言わんとしているか」をじっくり見る必要があるということです。

もちろん聴き手がそこで「あなたは不安なんですね」と口に出して尋ねてしまっては意味をなしません。「不安」が自らにとって明らかになるのは、自己との対話を通じてであって、他者が指摘しても、それはラベリングにしかなりません。

だからこそ同調すること、相手の気持ちと自分の気持ちが添うこと、相手の人生を良きものとしてとらえることが必要だと、名越さんはぼくの授業で伝えてくれました。

相手の気持ちに添うとは、ピリオドを打たないことなのです。型にはまった結論を導き出すことによって、聴き手がカタルシスを得ようとしないことともいえます。

話を聴く技術②「知らないこと」より「知ろうとしないこと」が恥ずかしい

『インタビュー術！』など「人に話を聴く技術」についての著作がある永江朗さんは、多いときは月に十五人程度インタビューを行うという、おそらく日本一多忙なインタビュアーでしょう。

二十年近くも前に彼からインタビューを受けたのが、お付き合いの始まりです。そのときの媒体はメジャー誌ではないインディペンデントな雑誌で、当時ぼくが出した「子どもの権利条約」についての共著本について質問してくださいました。

当時のぼくはモノを書いてはいましたが、市民活動家としての自覚のほうが強く、「取材すること」を生きる糧（かて）にしていくつもりはありませんでした。二十代前半の青臭いばかりのぼくらに対して、ちゃんと質問事項をノートに書いてくれていて、一人前扱いをされてうれしかった記憶があります。

そんな永江さんは、「話を聴くための準備」をとても大切にされる方です。それでも、あえて次のような話をしてくれました。

「インタビューに限らず、見栄を張りたくなることがありますよね。映画や本、思想家の名前を出されて、ろくに知りもしないのに知っているふりをしてしまう。それはなるべくしないほうがいい。どちらかといえば、『私バカなんです』と相手よりも下に自分を置いたほうがいいですね」

のっけから、こう永江さんは言いました。これは相手から見下されたほうが話を聴き出しやすいという意味ではむろんありません。インタビューは相手のことを知っていくことですが、直接向き合って話をしながら、インタビューされる側にインタビュアーを知ってもらう経験でもあります。「自分がバカである」とは、「私の知らないことを知っているあなたにいろいろ教えてほしい」という表明であり、それはよほどのことがない限り、相手にとっては率直さとして受け取られるはず、ということです。

論客同士だと「そんな基本的な本も読んでいないのか」と突っ込まれるとシュンとなってしまうこともあるようですが、相手に「私の本は読んできてくれましたよね?」と聴かれたとき、「実は……読んでません。申し訳ありません」と正直に伝えたほうがよいのです。読んでいないのに、「いや、読んではいるのですが……」というようにごまかしていると、すぐに化けの皮がはがれます。「私に興味があるというのに、どうして読んでこないんですか?」というふうにさんざん厭味（いやみ）を言われることは確実でしょうけれど、ひたすらあやまるしかないのです。これ自体はきわめて非礼な行為ですから、「読んでいないなら取材は受けない」とまでへそを曲げてしまう人がいるのも当然のことです。

この永江さんの話を聴いて、ぼくはたまに授業で経験する「出来事」を思い出しました。

「ノンフィクションではどんな人の作品を読んだらいいか教えてください」

こう学生に授業で質問されることがあります。

一度にたくさん挙げるとわからなくなると思い、まず『女工哀史』（註2）、など数冊の古典的なタイトルを挙げ、どんな本なのか簡単な解説を加えます。それからだんだんにテーマ別や作家別、時代別などに分けて紹介していきます。最近（二〇〇八年）では本木雅弘さん主演の映画『おくりびと』がアカデミー賞外国語映画賞を取って大きな話題になっていますから、本木さんが影響を受けた『納棺夫日記』（註3）、藤原新也さんの『メメント・モリ』（註4）などについて触れます。藤原さんの、とくに若い時期に書かれた一連の旅行記（註5）にはぼくも影響を受けましたし、旅を題材にした一人称で書かれたノンフィクションは学生にもイメージしやすいと思うからです。そうやって、その時々に話題になっているノンフィクション作品から話を広げていきます。

ですが、ほぼ毎回必ずといっていいぐらい、ぼくは苛立（いらだ）つことになります。

誰もメモをとらないのです。紙とペンがなければ（授業にそんな〝丸腰〟で来るのもおかしな話ですが）、携帯電話でもいい、なにかに記録をしなくては忘れてしまうだろうと思い、「メモはとらなくていいの？」と言うと、「あ、はい」と答えて、「えっと、なんでしたっけ？」となる。

まあ、メモをとる必要もないことだと思われているのかもしれませんし、たとえば人名や本のタイトルなどは、一冊や一人だけなら覚えられるかもしれませんが、複数はなかなか覚えられないと思います。芸能人の名前など何度か耳にしたことがある固有名詞なら記憶できるかもしれないけれど。

ぼくはメモをとらないことに腹を立てているわけではありません。メモをとらないことは知ろうという姿勢がないのと同じことだと思うから言うのです。

討論番組でときおり見かけるシーンがあります。「そんな本も読んでいなくて恥ずかしくないのか?」という台詞(せりふ)に、インテリが情けない顔をしている場面です。相手の知識量に負けていることがわかると、とたんにそれまでの覇気がしぼんでしまう人もよく見かけました。でもしかたがないじゃないですか。知らないものは知らない。

読んでいない本はもちろんのこと、わからない言い回しや英単語を交えた修飾などはその場でなるべく聴き直しておくほうがいいのです。それは恥ずかしいことではありません。知らないことは恥ずかしいことではないが、知ろうとしないことは恥ずかしいことだと思うのです。知ったふりをしてやり過ごしても、あとで化けの皮がはがれてもっと恥ずかしい思いをしたり、話の文脈がわからず混乱してしまうことが多いのです。

反対意見を聴き出す知的好奇心

自分と反対の意見を知ろうとしないことも恥ずかしいことです。恥ずかしいというよりは、もったいないといったほうがいいかもしれません。

自分と反対の意見を聴いたり、価値観に接したりすることがあるとストレスがたまります。人間はそれを意識的に、あるいは無意識的に避けたり、遮断したり、目をそらしたり、心に感情の壁をつくったりするものです。

ぼくも自分と反対の意見や考えを持っている人と話すのが大の苦手でした。というより、生理的に嫌悪感すら抱いてしまって、席を同じくすることすら敬遠していました。相手に対して同調できないと、あるいは自分に賛同してもらえないと落ち着かないのです。自分を否定されるような気がして嫌でたまらなかったのです。

ぼくは高校時代からいろいろな市民運動に出入りしていて、ひとことでいえば「世直し活動」に参加していました。いまの政治（自民党）はよくない、部落差別や民族差別をなくそう、学校を生徒にとって民主化しよう、「日の丸・君が代」は侵略の象徴だ、自衛隊は憲法違反だ等々、大人社会に楯突くことは気持ちよかったし、その論理に酔っているところがありました。同じ思想傾向を持つ人とだけ議論をすることは楽しいし、なにより安心でした。最終的な目標は同じなのですし、ぬるい温泉にでも入りながら付き合っているという感じでしょうか。

リトマス試験紙のようなものに相手の言葉を浸して、自分と同じだと安心していたのです。一方で思想が逆の人やちがう人、自分を批判してくるであろう人は、打ち負かす対象にしか見えなくなっていました。「ぼくの考えはこうだ。あなたの考えはわかった。でも、ぼくとあなたの考え方はちがう」というふうには思えなかったのです。

思想がちがえば、人間的にも受け入れられませんでした。フランスの啓蒙主義の哲学者ヴォルテールの「私はあなたの意見には反対だ、だが、あなたがそれを主張する権利は命をかけて守る」という言葉も当時は知りませんでした。「私はあなたの意見には反対だ、そして、あなたがそれを主張する権利にも反対だ」という考え方だったのです。自分と考え方のちがう人は「まちがっているのだから」

それを言う権利すらないと大まじめに信じていて、思想がちがう相手は「反革命分子」として存在すら許さないという論理もどこかで納得していたぐらいです。

そんなぼくが変わっていく経緯はいくつもあるのですが、ひとつ例を挙げます。

一九九〇年代の一時、討論番組の『朝まで生テレビ！』に、年に数回出してもらうようになりました。その場では論敵とはいえ、そうそうたる大御所の方々と、番組中は険悪ともいえる議論をしたあと、トイレで隣同士になったり、食堂での打ち上げでいっしょにビールやワインを飲んだりするのです。番組の延長で議論をする人もいましたが、議論は議論として別の話をしましょうという雰囲気になります。ぼくは緊張でガチガチになりながらも、お酒のちからも借りて話をしました。

すると、いま考えるとあたりまえのことなのですが、人間にはまったく別の面があり、それが垣間見えるということのおもしろさに気がついたのです。一度、オンエア後、ある政治学者の部屋まで行き、ビールを飲みながら数時間、議論したことがあります。議論といっても、ぼくらが質問をしてそれに答えてもらうという形でしたが、意外な一面を見たり、意見のちがう人の話を聴くことがとても楽しく思えてきたのです。物事のとらえ方や見方をまるで逆から見るとこう見えるのかという知的興奮を覚えたことをいまも忘れません。

二〇〇三年から六年間にわたってTBSラジオの討論スタイルの番組『バトルトークラジオ アクセス』のパーソナリティをやらせてもらうようになったことも、ぼくに大きな変化をもたらしました。

毎日、政治ネタから日常の何気ないことまであらゆるテーマでリスナーの方々と対話をして、意見を聴き出さなくてはなりません。ゲストが来ることも多いので、自分の意見も交えつつ、そのゲストからさまざまな意見を引き出すのが仕事です。最初は憂鬱（ゆううつ）なこともありましたが、やっていくうちに自分と考え方や思想に隔たりがあると感じる人ほどおもしろくなっていったのです。自分と反対の人の意見を聴き出したいという欲求は、立派な知的好奇心なのです。

話を聴く技術③　話を聴く「準備」が大切

授業では、永江さんにも、プロのインタビュアーのスキルについて話してもらいました。

まず、永江さんは長年の経験からインタビューには大きく分けて三つの段階があると前置きしました。

第一段階は「準備」。

編集者と打ち合わせを行い、このインタビューにはどういう目的があり、なんのテーマについて話を聴き出し、最終的にどういうトピックを軸にした記事にするのか、を確認することです。その際、相手がとってくれるインタビューの時間や原稿量について確認しておくのも重要だといいます。

たとえば相手に三十分しか時間がない。そんなときは、「イエス・ノー」で答えやすい質問をたくさん用意したほうがスムースにいくことが多い。分量については、数時間におよぶインタビューを行ったにしても八百字でまとめるのと八千字でまとめるのとでは、尋ね方もおのずと異なってきます。

第二段階は「下調べ」。

これはインタビューのテーマに関するものと、インタビュー相手についての下調べがあります。こうした準備をちゃんとしていないと、インタビューのクオリティは保てません。かといって、緻密(ちみつ)に調べることをおろそかにしないでおこうとしても、膨大な情報量を持つ相手だと、インタビューの期日までがわずかの場合、物理的にすべて調べることはできません。

「女優の若尾文子さんにインタビューをしたときですが、彼女はここ十五年以上、映画に出ていない。でも、昔は、ものすごい数の映画に出演していました。だから代表作は観るにしても、全部の作品をDVDで観るわけにもいかない。それに本は飛ばし読みできるけど、映画は飛ばして観てもよくわからない」

そのため若尾文子さんが演技や監督について語り、さらに百五十九本にもおよぶ全出演作について書かれた本を読むなど、若尾文子さんの通史について調べ、また大宅壮一文庫でこれまでの発言や彼女に関する記事を永江さんは調べたそうです。

いずれにせよ、インタビューという仕事は、どこかで見切りをつけて出発しなくてはいけない。見切りをつける基準を永江さんはどこに置いているんですか？　と、ぼくは授業のなかで質問してみました。

「安心するために準備しているんですね。インタビュー場所に行く自分を安心させるための精神安定剤としての下準備なんです。子どものころから、翌日の時間割の教科書を全部ランドセルに入れてからでないと心配で眠れない。準備は一生懸命する。それも見切り発車だけど、一生懸命、今朝まで資料を読んだっていうことで、『まあ、若尾文子に会っても、ちょっとはビクビクしないで済むかな』と思いました。でも、いまだにインタビューに行くのは嫌ですよ」

なるほど。下調べは一種のおまじないというか、自分を納得させるための行為なのだと永江さんは答えてくれましたが、ぼくもインタビューの準備は気持ちに踏ん切りをつけるためにしているのかなと思います。

インタビューの準備では、むろん「相手になにを聴くか」を考えることは重要であるけれど、その場に臨むにあたって、「どういう自分をそこに置くか」を考えることも大事になります。

わかりやすくいうと、たとえ準備が綿密であっても、質問事項を羅列すればインタビューが成立するわけではないということです。初めて会う人と過ごす時間のなか、いかに相手の考えなり、持ち味を引き出すかといえば、自然にリラックスした流れで聴くのが理想ですから、そこでインタビュアーである自分が不安であれば、インタビューに集中できなくなります。どういう自分をそこに置くかということは、聴き手である自分を客観的に観察する目を持つことだといえます。

少しでもリラックスした雰囲気を演出するため、永江さんは、若い作家やタレントに会う際はカジュアルな装いを、一般企業の人が相手ならきちんとした身なりをするなど、服装も前日に考えるといいます。

ただし、「準備のしすぎ」も考えものだなあと思うことが、ぼくはときどきあります。それは、ときおり大学の新聞部や雑誌サークルからインタビューを受けるとき気づいたのですが、質問を読み上げることばかりに没頭して、こちらの顔をまともに見られない学生さんが少なくないのです。

たしかに準備をして質問をたくさん用意してあるのだけど、それを順番に読んでいるだけになってしまう。学生さんなのでしかたがないと思うけれど、ひとつの質問に答えを得たら、その答えについてさらに疑問点を聴き、質問の深度を深めていくのがインタビューの常道というものですが、こちらが一通りしゃべるのを相槌も打たないで聴いていて、ひたすらペンだけを走らせているのです。こちらがしゃべり終わると、唐突に「では、次の質問をします」ときてしまう。たぶんメモも正確にとれていない。

そうなると興ざめしてしまうと同時に、いまの答えを聴いていたのだろうかと不安になってしまうものです。あらかじめ質問内容を先方に伝えることはありますが(それが条件ということもある)、そのとおりに質問をしなければならないというわけではありません。きっと緊張のあまりにそうなっていることもあるのでしょうが、準備をしすぎてなにを聴き出したいのかが拡散してしまっているのではないでしょうか。

ぼくは毎週『バトルトークラジオ　アクセス』のパーソナリティをやっていましたが、その日のテーマは当日の夕方に決まります。ゲストの交渉も同時にディレクターが行います。そのゲストはそのテーマに応じた専門家であることがほとんどです。自分が比較的得意な分野だったり、日ごろからそのゲストについて注意を払っていればいいのですが、実際はそうではないことのほうが多くなります。
ですから、オンエアまでの四〜五時間はできうる限りほかの仕事や用事を排して、テーマやゲストについて勉強をします。スタッフルームに行くと、ドサッと資料の束が渡されます。スタッフは勉強家ばかりで、テレビに比べたら、その数十倍の資料を用意してくれています（ディレクター本人は、さらにその数倍の勉強を夕方からやっているわけです）。そのようにして数時間集中的に準備をするだけでも、ゲストに質問したいことやリスナーと話し合いたい観点は最小限、持つことができます。

さらに、永江さんの場合、答えやすい質問だけでなく、答えやすくなる状況の演出にも気を配っているそうです。

「インタビューを受けるほうは多かれ少なかれ、『なにを聴かれるんだろう』と警戒しているんですよ。だから、ある程度、手の内を見せたほうが安心するみたいです。たとえば、このページで聴きたいのは、コレとコレだとか。あるいはこのページの狙（ねら）いはこうだとか。そうしたら相手も『だったらこういうスタンスで話せばいいか』と思ってくれますね。枠を見せたほうが、コミュニケーションがスムースにいきます」

つまりは、あらかじめ取材のおおまかな狙いを伝えておいたほうが、質問を連射していくよりも相手に理解されやすいことも多いということです。相手に一本ずつ木を見せるより森のかたちを見せるのです。

最後に第三段階ですが、これは話を聴いた後で、それをどうまとめるか、アウトプットの仕方を考える作業にあたります。この作業をすると、「聴き上手」になるためのコツもつかむことができますから、ここでご紹介します。


「よくインタビューというと、相手の話を聴いた、その場面だけのことを考えがちだけれども、前と後ろが、実はすごく長くて、それが結構、重要なんです」


インタビュー前の準備期間でテーマ設定を行い、それに基づいて話を聴いたとしても、インタビューはナマものである以上、やはり当初の予想を裏切る内容になってしまうこともあります。インタビュー後、テーマ設定と摺(す)り合わせながら、テーマを絞り込んで構成しますが、これも前の準備がちゃんとしていて観点があってこそ修正できるのです。それだけにインタビュー前後ののりしろにあたる作業は非常に重要になります。

さて、ナマものとしてのインタビューがどういう展開になろうとも、やはりインタビュー対象者への関心がないことには深まりを見せませんし、インタビューにせよ、書くにせよ、モチベーションを維持することはできません。

では、永江さんは、相手に興味や関心を持つ、フォーカスしていく源泉をどこに置いているのでしょうか。ここは同業者の後輩としていちばん聴きたいところでもあります。

「まったく私の知らないことを先方は知っているわけです。『私は知らないけれど、あなたが知っていることを教えてください』。それを聴きたいっていうのが、まず根底にあります。よくある勘違いとして『私の知っていることをあなたも確認してください』になりがちなインタビューがあります。要するに、もう全部結論まで出ていて、『うんと言ってください』みたいなインタビュー。そういうのはあんまりやりたくない」

まったく同感です。つまり、知ったかぶりをするとか、知識をひけらかすインタビューになってしまっては、相手の言葉をなにも聴き出せないということです。そのテのインタビューはインタビュアーの自己満足でしかありません。相手に「そうですね」と言わせただけで「自分の質問は正しかった」と納得するパターンです。

ですが、こういう悪いパターンに陥ってしまうときは、実は最初から取材をされる側に取材を受ける気持ちが薄いとか、もともとインタビューに答えることが嫌いという原因があることも少なくない。答えるのがめんどうで、つまり、いちいち自分の言葉で伝えるのが嫌で「こうですね？」と聴かれたら、ほんとうは「ちょっとニュアンスがちがうのだけどなあ」と思いながらも、まあいいかという気持ちになり「そうですね」と答えてしまうのです。

だから、できるだけ、「この人（聴き手）はなにを考えているんだろう」と、話し手に思わせるようなインタビューをしないと言葉を引き出せません。つまり、取材される側がこちらに関心を持ってくれるようにすることが必要なのです。

永江さんは、話し手が持ってくれる関心は、聴き手が相手に「日常的な疑問と重なる部分」をどれくらい見出しているか、その度合いに比例するといいます。「日常的な疑問と重なる部分」とは、「聴き手と同じ人間として、自分自身との距離について取材される側がどう考えているのか」ということなのだと、ぼくは思います。

たとえば歌手の福山雅治さんに取材した際のこと。

永江さんは「失礼ながら俳優としての彼にも、彼の音楽にもさほど興味がなかった」らしいのですが、「ミュージシャンで十五年やるのは実に大変。三十五歳になった彼が、さらにはアイドル的ルックスを持ったおっさんが、自分をどう客観化しているのか、ものすごく知りたくなった」というのです。そして、自分のモチベーションのベクトルを変えた方向で質問をしていったことを明らかにしてくれました。

だから「まったく自意識のない人は、聴いていてもあまりおもしろくない。言っていることはおもしろいんだけど、その人がその人自身をどう思っているかわかんないと、『単なる天才の話を聴きました』になるから、私との距離は埋まらない」と永江さんはいいます。

その人の自意識＝「自身のありようについてどう考えているか」とは本質的な問いであり、それだけにのっけから「あなたは自分のことをどう考えていますか？」と尋ねても相手は面食らうだけで答えようがありません。ですから、インタビュー全体が好奇心に導かれて行われることは大事でも、具体的な質問は答えやすい内容から行うのが鉄則です。

たとえば右記の福山さんの熱烈なファンであれば、自意識のない話でもおもしろいかもしれません。しかし、そうではない人々に対しても「おもしろい」と思わせるためには、最初の聴き手であり読み手であるインタビュアーがまずおもしろさを覚え、好奇心を持ちえないことには成り立ちません。

また、ケースバイケースではありますが、おおむね子どものころの話は答えやすく、そして、その経験がいかにいまの活動に結びついているかというふうに、相手の記憶を芋づる式に引き出すことができるので、なにかと話題は膨らみやすい質問だといえると、永江さんはいいます。

話を聴く技術④ 「聴いてほしいオーラ」を見逃さない

相手にリラックスして話をしてもらうには、すべてテクニックで行えるわけではありませんが、永江さんが心がけているのは、相手が関心を持っていることを聴くこと、もっといえば「聴いてほしいオーラ」を見逃さないことだといいます。

たとえば相手が女優の場合、ルックスについてはほめないことが多いといいます。周りから容姿についてほめられ慣れているせいもありますが、「ふだんその人が賞賛されない部分に光を当てる」という意味合いが強い。だから、読書傾向などについて尋ねたりするという。

誰でも「聴かれたい」ことはあります。とくに紋切り型にはめられがちな芸能人であれば、「かっこいいですね」とか「きれいですね」というほめ言葉は嫌になるほど聴いているし、そのほめ言葉はただのおべんちゃらでたいした気持ちはこもっていないことも知っています。そういう「ほめられ慣れ」

している相手は、自分の従来知られていない特別さ、意外性を知ってほしいし、そういう自分を演出したい気持ちがあるだろうと思います。

「相手が一生懸命演出しているのだから、そこはまず評価する。取材を受けることを決めた時点で、向こうも準備しているんだから、そこはちゃんと見ないと相手も肩透かしを食わされた気分になるでしょう」

あからさまではないが、演出された「見てほしい」ところをほめることは、おべっかではなく、相手にこちらが関心を持っていることの表明で、コミュニケーションのしやすい場づくりとして大事なことです。有名人は同じような質問を何十回も受け、返答も同じです。プロモーションとわりきっているからそういう徒労ともいえることを延々と繰り返せるのですが、そこで想定される凡庸な質問をしないというのは相手をしゃべる気にさせる大事な要素です。「あれ、この記者はどこの誰も聴いてこないことを質問してくる。なかなかおもしろいぞ」と思わせたら、しめたもの。そうするためにもやはり準備が必要です。

永江さんは『不夜城』などのヒットシリーズを手がける作家の馳星周さんに、こういう質問をしたことがあるそうです。

「自己模倣についてどう思っていますか?」

自己模倣とは、馳星周さんがある時期から同じようなストーリーを書くようになったことを指してのことです。

「本質的なことに関わるから、それはやっぱり聴くべき質問だと思った。そばにいた編集者は引いていましたけれどね。相手にとっては致命的になりかねない質問も、ぶつけるタイミングはあるんです」

作家としての姿勢を問うその質問も、さまざまな話を聴いたうえでの時宜を得たものであったからこそ、単なる辛辣さではなく、真摯な質問として受け取られたそうです。だから、馳星周さんは丁寧に答えてくれたといいます。そういった本質論をぶつけてくる相手に飢えていたということなのでしょう。この場合、インタビューされる側もプロの表現者です。それだけ相手もインタビュアーの技量、知識、準備具合、人となりを見ていたということなのです。

相手の言いたいことは予定調和の外にある

永江さんは何度も、「インタビューのクオリティは準備にかかっている」といい、その準備を「インタビュー場所に行く自分を安心させるためのもの」といいます。

安心とは、格好をつけずに率直に質問し、相手に自分をさらけ出せる状態をいうなら、インタビューは一方的な行為ではないでしょう。互いに胸襟を開けるかどうか。だから永江さんはインタビューを「自分を見せに行くようなものだ」といいます。「見る者は見られる者でもある」という感覚が重要になるだろうと思います。「問う側もまた、相手から問われている」ということと同義です。

それだけに「やっぱりこの人はこれが言いたかったんだということがつかめた瞬間」がインタビュアーの醍醐味（だいごみ）だと、永江さんはいいます。インタビューのなかには編集部の意向や媒体の性格から「こういうことを聴き出してもらえればいい」という枠があります。ですが、多くの場合、相手の言いたいことは、そうした予定調和の外にあるものです。

「だいたい本当に言いたいことは、そこに用意されていない。相手の表情とかそういうことでも、『あ、実はこの人これを言いたかったんだな』『この人の心のなかには、これがあったんだな』とわかったときが醍醐味であり、その瞬間がインタビュー・ハイですね」

インタビュー・ハイ。いい言葉です。

数少ないですが、ぼくもインタビュー中にインタビュー・ハイになり鳥肌が立ったことがあります。インタビューはそこに用意されていない、具体的でないものを取材する側とされる側共同で探す過程のなかにこそあるものなのでしょう。それが取材というかたちをとっていなくとも、私たちはいつでも聴き手になり、相手とつながる瞬間をつかめるのです。

話を聴く技術⑤「間」というコミュニケーション

ぼくはかつて、会話の間を埋めないとすまない性格で、相手がふと沈黙すると非常に落ち着きませんでした。

相手がなにか言い切らないうちに次の言葉をかぶせてしまい、相手がしばらく黙り込んだり、考える様子を見ていると自分が悪いような気になったり、相手を怒らせているのではないかと思ってしまったりしていたのです。

だから思わず間を埋めるために、「それは言い方をかえるとこういうことです」と、前に自分がした質問を言いかえたり、「こういう角度ならどうですか？」と相手の言葉を待つことなくたたみこんでいました。つまり、相手の言葉が相手のリズムや間で自然に出てくることを待てない、せっかちな性格でした。

ラジオの生放送番組をやっていたせいもあるかもしれません。音楽も背景に流れていないので、空白の時間をつくることを避けるようになります。相手の言葉にかぶるスレスレのところで継がないと番組として成り立たないからです。

障害や病気のせいで言葉が自由に出せない人だっているし、しゃべることそのものが苦手な人もいます。あえてしゃべりたくないと感じている人もいるでしょう。そういうことは理解していながらも、せっかちな自分に苛立っていました。

それがいろんな人にインタビューをすることで、あるいは見ることで、少しずつ変わっていったのは、「間」にもふたつあることがわかったからです。

会話のなかで必然的に生まれた間と、聴くことがあまりないからできる間。

これは同じ間でも全然違います。前者は、ちがう展開につながるタメみたいなものです。後者はインタビュアーが質問をして、相手が答えてくれたことに、うまく対応できなくて、それこそ間が悪いことに二の句が継げなくなって間ができてしまったというものです。後者は努力不足ということ以外にありませんが、大事なのは前者のほうです。

ぼくが「間」の達人だと思ったのは藤原新也さんです。ある雑誌で藤原さんの話し方について「一種独特の仏教的な間がある」と評されているのを読んだことがありました。

その記事には、藤原さんは受け答えをするときにどこか空に視線を投げるような、仏像の「半眼」のような感じだともありました。インタビュアーの観察眼に驚いたのを覚えています。

ちなみに「半眼」は座禅でいう「禅定（ぜんじょう）」の状態に入っていることを意味していて、禅定のときには、目を半眼（半開き）にして、前方を見つめます。半眼になると半分世間が見える状態で、あとの半分はまぶたに隠されてしまいますが、仏はまぶたで隠れた部分の目で世の中の真実を見通しているのだとされています。インタビュアーは藤原さんのそれまでの旅の軌跡を意識して、そう評したのだと思いました。

あるとき、映画の上映会後のディスカッションで藤原さんとごいっしょさせていただく機会がありました。

ました。

打ち合わせの際、「今日のお客さんたちは、きっとこういう話を聴きたがっているのではないでしょうか」と私が提案しても、藤原さんはしばらく黙っておられる。そしておもむろにゆっくりとご自身の意見を述べられる。またぼくが質問をすると、相槌（あいづち）もあまり打たず聴かれて、また「間」ができる。黙考しておられるようでした。ときどき、無言でうなずくくらい。視線はぼくを見ておられましたが、ときに虚空に視線をやっておられた。ぼくは藤原さんのコミュニケーションの「間」に引き込まれてしまい、いつものせっかちさが出てきませんでした。

トーク本番になっても、やっぱり藤原さんは自分の間で話をされ、ふとしたことから、対話の「間」についてのトークになり、藤原さんはぼくに「言葉の間には空を置かないといけない。どれくらい待てるかということが大事だ」と諭すようにおっしゃいました。

藤原さんの「間」はもともと持って生まれたものに加え、きっと旅をしていくなかで身につけたものなのだろうと思いました。とりわけ、旅で出会った僧侶（そうりょ）や説話を語る人たちの間で過ごすことで影響を受けたのではないでしょうか。会話の「間」の内に前の言葉がすっと入っていくような、聴く側と話す側とが間を共有している心地よさ。

「間」は時間の意味もありますが、「あいだ」である以上、空間の意味もあるでしょう。藤原さんの間についていえば、特徴的なのは、その待ちの時間だけではなく、空間を見る視線にもあるように思いました。「沈思黙考」という言葉がありますが、まさにそれです。じっと考えて、話をされるときはカッと目を見開かない。

半眼とは、仏像に見られるような半ば目を開き、半ば閉じている状態ですが、先にも触れたように仏教では、外の世界を見つつ、自己を見つめる。あるいは、目には見えないものを見ることを表しています。相手を見つつ自分を見るといった感じです。

一方、インタビューに限らず、面接でも「相手の目を見て話す」ことが正しい話し方だと言われることが多いのですが、そんな教条的な考えで話すことができるものだろうかと思います。ぼくは質問をするときや、相手の話を聴くときは相手の目を見ることができるのですが、答えるときは真正面から無意識に視線を外してしまうことが多いのです。

じっとインタビュアーに見つめられると圧迫感を覚えるはずだし、むしろ、相手の視線がふっと自分から離れたとき、言いたいことが口をついて出るのではないだろうかとも思います。

真っ向から相手に見られると、「自分が見られている」ことに意識が集中してしまい、緊張してしまう。だから、相対していても、視線を少しずらし、間を外されるとこちらも話しやすいのかもしれません。

常に面と向かって言い合うのは、議論やシビアに詰問していくときには適当でも、リラックスしてしゃべってもらうには、あまりふさわしくないと思います。

つまり、一対一では相手が心地よく思う時間、空間を尊重することが大事になります。

けれど、相手の「間」を意識しすぎても問題です。

なぜなら、とくにインタビューは非日常性が高く、話を聴かれることに慣れていない人だと、インタビュアーが「相手の間を大事にしよう」と思って、黙って聴いていても、インタビューされている側は、それを無言のプレッシャーに感じてしまい、「うまく話さないといけない」と焦ってしまうからです。これは日常のなかで、初対面同士であったり、またうちとけ合っていない間柄であったりする場合も同じでしょう。

ですから、相槌を打ったり、無言でもいいから顎（あご）を上下させたりすることが大事になります。「間を大事にする」とは、ただ待っているだけでも、じっと見るのでもない、相手との「あいだ」を大切にすることなのです。先に登場してもらった名越さんのおっしゃる「相手を良きものとしてとらえた」うえでの「間」が、生きたコミュニケーションをつくるのでしょう。

話を聴く技術⑥　「おいしいもの」は「万能メディア」

誰かとスムースにうちとけていこうとするとき、「おいしい食べ物や飲み物」はとてもよいメディアになります。

メディアとは人と人をつなぐ道具のことです。新聞、テレビ、インターネット、本などを媒介にして未知の人や考えを知り、それらの人と有機的につながることができます。

「食事でもしながら」といって、接待や商談で酒席を使うのはそれが両者をうちとけさせるために有効で、食べ物自体が人をつなげるメディアとなりうるからです。そもそも、人はたいがい、うまいものを食べたらそれを人に教えたがりますね。

ぼくは自他ともに認める食いしん坊ですが、人に話を聴くときは飯を喰いながら、酒を飲みながらということがとても多いです。もちろん初対面では相手の家だったり、相手のオフィスだったりすることが大半ですが、二度目に会うときはほぼ間違いなく食事をしながらということになります。初対面の別れ際に「じゃあ、次はなにかうまいものでも食べながらお話を聴かせてください」「そうしましょう」という約束ができればしめたものなのです。

合コンでもなんでもそうですが、初対面の人間同士で会うとき、「あれ、うまいですよね」というような話があるとてっとり早く盛り上がります。自分の仕事はいかにハードで多忙かとか、そういった「自慢」系の話はまず敬遠されます。「はい、たいへんなお仕事ですよね」と相槌を打ちながらも、相手はうんざりしています。初対面では「どちらのお生まれで?」と質問されて、「愛知県です」と答えると、たとえば「ああ味噌カツってうまいですよねえ」というふうに展開をしていくことがほんとうに多い。たいがい食い物の話で終始するか、食い物の話が長めのプロローグとして機能します。

どこでどう取材をお願いするのかを切り出すタイミングに迷っているときや、また、ぼくの人となりを知ってもらうためにも、取材ではなくともたっぷりと時間を共有しなければなりませんから、無難に盛り上がる話としても「おいしいもの」は大事ですし、そういう何気ない話のなかにも人となりが見えることもしばしばなのです。

以前、ある地方で開かれた犯罪被害者の権利を考える主旨のシンポジウムに、ずっと以前からお話をうかがいたいと思っていた方が、傍観者として参加されていました。ぼくは当日のパネリストでした。シンポジウムが終わったあと、パネリストや参加者を交えた全体の食事会があり、それが終わったあとで、もう一軒行こうということになりました。その方の奥様と息子さんもいらっしゃいましたが、ぼくはその家族と個別にお話がしたかったのです。

なにかの拍子に、その方が「昔の芋焼酎はものすごくイモくさかったんだ」ということを言われました。どこか飲めるところはないかな？　そうおっしゃるのを聞いて、ぼくはその町で前に数回行ったことがある焼酎専門店を思い出し、あそこに行けばかなり珍しい焼酎があるはずだと思い、すぐにお店に電話をかけ、席を予約しました。その方は「それならその店に行こう」とのってくれました。テーブルについて、ぼくは焼酎博士のマスターに「とにかくイモくさいものを」とオーダーして、次々に運ばれてくる何種類もの焼酎をそれぞれに一杯ずつ飲み干していきました。地方や酒造元はバラバラです。「う〜ん、これじゃないなあ」「あ、これに近いなあ」「これだ、これだ」と、その方は記憶をたぐりよせるように味わい続けました。

そして焼酎の話題から、やがて青年時代の話になり、どんなふうに人生を生きようと思ったのか、初めての子どもを授かったときどんなにうれしかったかを聴かせてくださいました……。

その方はそのお子様を殺害されたのです。そのことを聴き出そうとする取材者には、よほどのことがないと席を同じくすることも避けておられました。結局、その方には正式に取材は申し込んでいませんが、関係を築くきっかけになった夜でした。

おいしい料理を出す店の情報などをストックしておき「接待」することも大切ですが、相手のテリトリーに入ってしまうことも必要です。その人がたぶん、どんなものを食べているのか、どんな店に出入りをしているのか、そこにはどんな人たちがいるのか等、その人の背景が見えてきます。これほど相手を知る「おいしい」機会はありません。

写真家の荒木経惟さんから聴いた話です。

某テレビ局のロケで、荒木さんが生まれ育った東京の下町を歩き回っていたときのこと。サービス精神旺盛な荒木さんが明るいうちから暖簾(のれん)を出している飲み屋にフラッと入ろうとしました。「ここで昼間から飲むビールがたまんないんだ」と。

ぼくが荒木さんとよく仕事をいっしょにさせていただいた時期、そんなことは日常茶飯事だったのですが、その番組のスタッフたちはなぜか、店のなかまでついてこない。

「なんで?」

「仕事中ですから」

ああ、お固いねえ。そう荒木さんはびっくりしたそうです。ぼくはこの話を聴いたときもったいないなあと思いました。これなどは相手のテリトリーにいれてもらい、そこでの相手の個人史を知る絶好の機会だったのに。

元朝鮮総聯(そうれん)の活動家だった在日コリアンの男性を取材したときは、彼の地元の店に連日通いました。大阪生野区の焼き肉屋や居酒屋には彼のことを昔からよく知る地元のコリアンが集まっていました。彼の過去の話をその人たちが補強してくれたり、訂正してくれたりする。「あの人ならもっと知ってい る」と紹介されたりもする。その人の電話番号教えてください、とぼくが頼むと、「呼んでおいたから、もうちょっとしたら来るよ」。

相手のテリトリーで飯を喰い、酒を飲むということはその時点で、相手が示したある種の「受容」

であり、相手の人間関係の坩堝(るつぼ)に入ることを半ば許されたようなものです。敬遠したいと思っている人間を、なじみにしている店に連れて行こうとは誰も思わないでしょう。

註1　名越康文さん　精神科医。最近では、精神科医から見た人生論、映画・音楽評論のほか、漫画『殺し屋1』の原作ブレーンを務めるなど、精神科医のフィールドを超えた幅広い分野で活躍中。藤井との共著『40歳からの人生を変える 心の荷物を手放す技術』もある。

註2　『女工哀史』　細井和喜蔵著。紡績業や織布業の女性労働者（女工）が深夜労働など過酷な労働条件で働かされる実態を描いた作品。一九二五年刊行。

註3　『納棺夫日記』　青木新門著。冠婚葬祭業で、死者を棺に納める仕事に携わる作者がその日常を描いた作品。一九九三年刊行。

註4　『メメント・モリ』　強烈なインパクトのある七十四枚のカラー写真に著者の短いコメントが付された作品。荒野にさらされたヒトの死体を野犬が喰らい、それをカラスが遠巻きにしている写真など、生の光景に挑む無限の死の様相が提示されている。一九八三年刊行。

註5　藤原新也さんの旅行記　『印度放浪』『西蔵放浪』『七彩夢幻』『全東洋街道』など。

1時間目
「取材」とはなにか?

「本」に興味のない大学生

毎年、授業が始まると最初にアンケートをとります。月にどれぐらいの活字に目を通すかを聴くのです。本を読んでいるかという聴き方はしないようにしています。雑誌や新聞のほか、スマホ見るニュースサイトまで含めて、どれくらいの活字媒体を読んでいるのかを質問します。すると百人以上の学生に聴いても、新聞を毎日読んでいるのは四〜五人です。雑誌はファッション雑誌が大部分を占めています。

数少ない読んだことがあるノンフィクションの本で圧倒的に多いのは乙武洋匡さんの『五体不満足』(註6)です。かつては「青春のバイブル」といわれた沢木耕太郎さんの『深夜特急』(註7)を読んだことがある学生も、毎年一人か二人いればいいほうです。残念ながら、それが実態です。

そもそも日常的に本を読んでいる学生はとても少ないのです。自分が出ている授業で教科書として指示された本は読んでいても、それは読まなければ授業で単位が取れないから読むわけで、純粋な知的好奇心から本を読む学生はほんの一握り。ですからノンフィクション全般の読書量などは絶望的です。講義で使用するぼくの作品を読み、初めて「本というものを始めから終わりまで読んだ」という学生も毎年何人かいます。

本屋そのものにほとんど入ったことがない学生も珍しくありません。「岩波文庫」とか「岩波新書」とか言っても、それがどこにあるのかわからない。「それどこに売っているのですか?」「売っていませんでした」と真顔で言うのです。つまり本屋に行けば当然探している本はあると思っていて、数年前に出たような本はよほど大きな書店に行かない限りないことも知りません。アマゾンやbk1などのオンライン書店で買っているのかというと、それも使ったことがないという学生もいる。つまり「本」というものに興味がないのですね。もちろん電子書籍を読んでいるわけでもない。

ごくまれですが、読書家の学生もいます。ぼくの著作はとうに読んできて、さまざまなノンフィクションの作品を読んでいる。あるいは、マニアックなアニメ雑誌や、実話系雑誌、サブカルチャー雑誌まで購読している学生もいます。あとは細かく分化していて、漫画が好きな学生はコミックマーケットなどでしか入手できないような自主流通雑誌を読んでいるし、サブカル好きな学生は入れ墨雑誌を読んでいたりもします。

とにかく広く読まれている雑誌はありません。昔なら、『平凡パンチ』とか『朝日ジャーナル』とか学生の必須アイテムのような総合週刊誌がありましたが、いまは雑誌自体が細分化しているので学生もそれにしたがい読む雑誌はバラバラです。

いま、「読書格差」はすごいことになっている印象をぼくは持っています。たとえば中学生や高校生のときに朝の読書運動をやったかやらないか、親が子どもに積極的に本を与える家かどうか（家に本があるかどうか）などで、その子どもと本の付き合い方が決まり、大学生のときには相当の格差がついてしまっているかもしれません。

「事実」と「本質」の違い

ともあれ、そういった学生たちに、ノンフィクションを書くために「取材」するとはどういうことなのかを伝えるために、先達（せんだつ）の文章などを紹介しています。

たとえば沢木耕太郎さんが若いころに書かれた文章を引用します。

沢木さんは、

［広くはフィクションでないもの、つまり虚構を用いて描くことのない文章のすべてを含みますが、ここでは事実を伝えることを第一義とするものと限定］

して、

［自伝、伝記、旅行記、冒険記、闘病記、フィールド・ノート、観察記録、ルポルタージュ……］

と挙げ、

［ひとつは自分が体験したことを描いたものであり、もうひとつは調査したことを記したものです。第一の、体験を軸にしたノンフィクションに不可欠なものは、自分の内部にある「記憶」というものの存在です。かつて体験したことの記憶をたどりながら、自分の人生や、異国への旅や、病（やまい）との闘いの詳細を記していくのです。第二の、調査を軸にしたノンフィクションには、自分の外部に存在する「資料」が不可欠のものとなります。そして、その資料を集めるために取材と呼ばれる行為が必要となるのです。もちろん、そのふたつは一編のノンフィクションの中で分かちがたく絡みあっていることが少なくありません。いや、そのふたつが分かちがたく絡みあっているところにこそ、ノンフィクションのノンフィクションたるゆえんがあるのかもしれないのです。］（『ノンフィクション名作選』講談社）

と書いています。

学生にとっても、とてもわかりやすいと思います。自分の体験や記憶をどう他者に伝えるか。あなたが歩んできた人生はあなたしか体験しえなかったものだから、それが幸せに感じるものなのか、そうではないと感じているものなのかはわかりませんが、自らに刻まれてきた記憶を伝えることもノンフィクションなのだと。

ただし記憶は加工されます。同じものを見ても、あなたとぼくでは記憶のされ方がちがったり、自分に都合のよいものにしたり、辻褄（つじつま）が合うようにしたりするなど、いい悪いは別にして誰しも加工して記憶するものです。ですから、記憶が事実なのか、真実なのかはわからないともいえます。

しかし、言い方をかえれば、記憶とはその人独自の見方や視点ということにもなります。さらにいえば、記憶のされ方はそれまでの体験の多さや深みにも影響されます。たとえば「赤いもの」を見たとき、それまでたくさんの赤い色のものを見た人は、それまでに見た赤とつながって記憶されるでしょう。ある町に降り立ったとき最初に感じた匂い(におい)を、過去に感じたいろいろな町の匂いと比べながら記憶することができるはずです。

この体験や記憶をベースにして、自分史や自分が抱えている課題や生きてきた時間を切開して自分を自分で「取材」する「セルフノンフィクション」を書いてもらうこともあります。自伝といってもいいでしょう。「セルフノンフィクション」については後章で触れます。

さらにもう一つ、ノンフィクションライターの最相葉月さんの『調べてみよう、書いてみよう』から、ノンフィクションの定義について触れた箇所を引用したいと思います。この本は、小中学生の書いたノンフィクション作品に対して与えられる北九州市が主催している賞の選考委員をされてきた経験から、まさに子どもでも理解できるように語りかけるように書いておられます。これはもちろん大学生がノンフィクションとはなにかということの入り口になりますし、何かを取材して書きたいと希望している大人が読んでも目からうろこが落ちる内容です。

［小説のように空想や虚構を交えた作り話をフィクションといいますが、ノンフィクションとは自分で見たり聞いたりしたことや体験したことを、作り話を交えずに自分の言葉で表現すること、あるいは、そのようにして書かれた作品を指します。

たとえば、実在の人物の伝記や旅行記、冒険記、闘病記、動物や植物の飼育記録、社会の出来事を取材したルポルタージュ、人の話をまとめたインタビューや回顧録などがあります。

みなさんもノンフィクションの一冊や二冊は読んだことがあるのではないでしょうか。

このように、一口にノンフィクションといってもさまざまなのですが、しいて分けるとすると二つの種類があります。

一つは、自分が体験したことを書いたもの、もう一つは、自分の外側に題材を見つけて書いたものです。

体験を書くために必要なのは記憶です。日記や手帳、手紙などを頼りに記憶を呼び起こし、旅や冒険や病気との闘いなどについて書いていきます。時には細かく描写するために資料を調べたり、事実を確認するための取材が必要になったりすることもあります。

自分の外側に書く題材を見つけた場合、調査や取材の比重が自分の体験を書く時よりはるかに大きくなります。資料を探して読んだり、人の話を聞いたりすることを通して、自分の疑問を解き明かしていきます。伝記やルポルタージュ、インタビューなどがこれにあたります。

すべてのノンフィクションが必ずどちらか一つに分類されるとは限りませんが、ここではとりあえず、ノンフィクションにはだいたいこの二種類があると思っていてください。」

最相さんはさきの本の中で、小学生が夏休み中にカブトムシを飼育して、死ぬまでの様子をメモしたものを紹介しています。カブトムシの「生」と「死」を見つめ、子どもの視点で考えた立派なノンフィクションです。どんな題材でもノンフィクション作品になり得るのです。

これは「自分」と「自分の外側」というテーマの見つけ方でいえば、前者のほうにあたるといえます。「自分の外側」は比較的に理解しやすいかもしれませんが、「自分」と聞いたとき、自分の経験や体験を自分語り的につらつらと書いていけばいいと思う人もいるかもしれませんが、そうではありません。学生のノンフィクションのレポートで最も陥りがちなところでもあります。だいたいそういうレポート(ノンフィクション)は最後は、「これからも私はがんばっていきたい」と締めくくってあり、ちょっと詳しめの履歴書のようです。

なぜ、自分の経験や体験を書いて、他者に伝えようとするのか。そこにどんな「社会性」があるのか、社会という「鏡」に映したときにどう見えるのか、社会の中でどう位置づけられるのか、そこからなにを導き出して、他者に伝えようとしているのか等をよく考える必要があります。このところを学生さんに理解してもらえるかどうかが鍵だと思っています。私たちの生きる社会のどんな部分と自分の経験がつながっているのか、それをわかりやすくどう表現するのか。自分自身のことを他者に伝えようとするとき、かならずついてまわる命題です。カブトムシの飼育をしたという経験のなかから、子どもの目でとらえた「死」とはなんだろうという疑問。それを提示するということ自体が「社会性」なのだということを学生さんに理解してもらうためには、ノウハウを学ぶと同時に、少しでもたくさんのノンフィクション作品を読んでもらうことしかないような気がします。

「取材」への理解をもう少し深めてもらうためにジャーナリストの故・斎藤茂男さんの言葉を引きます。

［重要なことは「現象」と「本質」という問題です。たとえば、ここにあるコップに水を入れて、このなかにエンピツを差し込みます。すると、エンピツは光の屈折によって水の表面のところで折れ曲がって見えますね。この場合、「現象」とは「エンピツは曲がっている」ということです。私たちがこの目で見て、一見そう見える、一見そう思える、そういうことがらを「現象」と言ってよいでしょう。ところが、エンピツを水のなかから抜き出してみると、少しも曲がっていないことがわかる。つまり、「エンピツは真っすぐである」というのが、この場合の「本質」に当たるものと言えるでしょう。つまり、「取材」というのは、水のなかに差し込んだ場合のエンピツの状態（現象）から、エンピツを水のなかから引き抜くことによって、エンピツのほんとうの姿（本質）を見つけだす作業である、と言えます。」（『事実が「私」を鍛える』太郎次郎社）

そして、こう続きます。

［本質に迫るための大前提になるのは、なによりもまず現象——私たちの目や耳で知覚できる素材をできるかぎりたくさん手に入れることです。メモ帳に一枚分の材料しかない人と、十枚分の材料を持っている人とでは、本質に接近しうる度合いがちがいます。「記者は足で書け」とよく言われるのはそのことを指すのでしょう。十の現象のなかから一つの本質を取りだすよりも、百の現象のなかから一つの本質を取りだすほうが、本質への距離は近くなる。十分の一より百分の一へ、分母の数をどんどん増やすほど、本質は明確な姿を現わしてくる。そのことを「足で書く」と言うのだと思います。」（同）

コップにささっているエンピツのたとえはとてもわかりやすく、学生はうなずいてくれます。目に見えている曲がったエンピツが「事実」、コップからエンピツを引き抜いてみると姿が変わる。それが本来のエンピツの姿なのだから、それが「本質」ということになります。それを学生たちは感覚的にわかってくれるようです。

色眼鏡で見ると本質はわからない

さらに「事実」から「本質」へいく間に「真実」を入れて説明すると、よりわかりやすくなるかもしれません。

よくある児童虐待事件のことを話します。ある子どもが病院に運ばれてきた。身体(からだ)に痣(あざ)がいくつもついている。それは「事実」です。母親の説明によると転んで家具などにぶつけてできた痣だという。子どもに尋ねても、そうだという。その段階で第三者の目で見ることのできる「事実」はそういうことになります。

しかし医者が子どもの痣を調べてみると、それはぶつけてできるようなものではなく、鈍器のようなもので叩いたり、指でつねるようなことをしなければできないものだとわかります。それが、その「事実」の裏側に隠されていた「真実」です。そして、この医学の目が見破った「真実」を母親にぶつけてみると、母親は観念して嘘(うそ)をついていたことを告白します。わが子に長期にわたって虐待を加えていたのです。

そうすると、ここから「本質」を取り出すためにはどうすればいいのかを学生に問います。どうしてその親は子どもに虐待を加えるようになってしまったのか。もしかしたら夫（子どもの父親）や、内縁関係にある男から暴力を受けて、それがストレスになり子どもに暴力をふるうようになっていたのかもしれない。あるいは、もっとちがう理由があるかもしれませんが、その母親を虐待に走らせたものが「本質」にあたります。

「本質」を浮かび上がらせようとするときにどんな心構えが必要なのか、を学生に伝えるために再び斎藤茂男さんの文章から次の一節を引きます。

「日本流に言えば、虚心に見るというか、無心に対応するというか、イデオロギーを現実に押しつけないというか、そういう態度で事実を見ることが取材のキーポイントであろうと思います。」（同）

この文脈での「イデオロギーを現実に押しつけない」とはどういう説明をすれば学生たちに伝わるのでしょうか。イデオロギーとは一定の「主義主張」だと解釈します。

シンプルにいうと、自分の信じ込んでいる思想や所属している陣営の論理が先にきて、それをフィルターにして現実を見てしまわないようにすることだと説明しています。

学生たちにわかりやすい例として、「少年法」と「少年犯罪」の関係を出します。とりわけ旧少年法を支持するイデオロギーは、「犯罪少年は社会や大人の被害者だ」という見方です。そういう目で見てしまうと、その少年の「意思」というものを二の次にして、まず少年を追い込んだ大人や社会が悪いという見方になります。

その少年が「悪く」なったのはほんとうに大人のせいなのか、本人に責任はないのか、なんでも社会が悪いという見方に偏っているのではないかという冷徹な目で見ることが求められるということです。

そういった色眼鏡で見てしまうと、加害者はもちろん、被害に遭った側のことまでなにも見えなくなってしまいます。極端にいえば、なにも見ないで自分のイデオロギーだけを叫んでいるようなものです。

それはとうてい「取材」とは呼べません。

たとえば、学生が「障がい者の取材をしたい」「ホームレスの取材をしたい」といったときでも、その点に気をつけてもらうようにします。悪意の色眼鏡はもちろん、偽善的な色眼鏡であったり、「弱者は常に正しい」という盲信的な教条であったり、一時の感情のみに押し流されただけの「取材」では本質にたどりつくことはできませんし、取材対象者と有機的につながることもできないのです。

註6　『五体不満足』　生まれつき身体障害者であった作者が、障害にめげず、明るく前向きに生きていく半生を綴った作品。一九九八年刊行。

註7　『深夜特急』　作家の沢木耕太郎さんがインドのデリーから出発して二万キロ離れたイギリスのロンドンまで乗り合いバスで行く決意で出た、放浪の旅を描いた作品。一九八六年刊行。

2時間目 社会の肌触りを体感する

視点をひとつに絞る

ノンフィクションやルポのなかで、ぼくが高校生のときに初めて読んだ作品として紹介をするのは鎌田慧さんの『自動車絶望工場』（註8）です。数ヵ月にわたり、自動車工場の季節工として自身が実際に働き、その顛末（てんまつ）をまとめた本です。

この大先達が書いたルポが出たのは一九七四年で、ぼくは高校時代に読んで大きな影響を受けました。ぼくは読んだ当時は、将来書き手になることは考えていませんでしたが、思想的な影響が強くありました。マルクス主義的な視点で社会を描くとはこういうことか、抑圧する側とされる側を二元論的に書き分けるものか、と。

あれから二十年以上経って読み返してみると、こうした視点に対しては懐疑的ですし、一私企業に取材であることを隠したことは、まだ「手法」として許されるかもしれないけれど、同僚労働者たちに対しても身分を隠し、「潜入」して書く手法はほんとうはアンフェアではなかったかという疑問を持たざるをえません。時間を経て読み直すと、とらえ方が変わるというのはよくあることです。

自分で体験したことをそのまま文章化する手法は、『自動車絶望工場』をはじめ、ドイツ人ジャーナリスト、ギュンター・ヴァルラフの『最底辺』(註9)や堀江邦夫さんの『原発ジプシー』(註10)が代表的ですが、韓国人ジャーナリスト、李讃三さんの『戦争になれば飢えは終わる』(註11)などもそうです。最近ではバイク即配の体験を書いた『搾取される若者たち』(註12)なども現代の当事者ノンフィクションになるのでしょう。「書く」ための潜入なのか、「喰う」ことと「書く」ことを両立させるためかという差異はありますが、当事者になるという点は変わりません。

これらの作品は時間をかけ、深い洞察力と問題意識をもって記録されたものなので、学生がいきなり真似(まね)をできるはずはありませんが、これらの例を出して抜粋を読んでもらい、その解説をします。学生たちは、ふだんから関心を持っていることがらや、身近に接している出来事について、その場に身を置くことによって取材できないだろうかと考えるようになっていきます。

一人の男子学生はテント暮らしをしているホームレスの男性に話を聴きに行きました。一升瓶を持って訪ねていったそうです。本来なら炊(た)き出しなどのボランティア活動をするとか、なにか理由がないと名目が立ちませんが、前々から興味を持っていた彼は、ぼくの授業を利用して声をかけたそうなのです。最初は怪訝(けげん)な顔をされたそうですが、「授業なら協力してやろう」というような話になり、どうしてホームレス生活をするにいたったのかを話してくれたそうです。

ケガをして前職を続けることができなくなったこと、いつかは屋根のある生活をしたいと思っていることなどを聴き、それを書いてきました。彼はテントのなかで見たもの、コンロや食べ物、生活用品などの観察もしてきました。時系列順に、朝方に空き缶集めに出かけることなども書いていましたから、きわめて短い時間ですが、「場」に身を置いた者でしか感じえなかった心の動きがレポートから伝わってきました。

学生の多くはアルバイトをしていますから、アルバイトの現場の様子や体験を書く学生も多くいます。働き手として現場に身を置いているわけですが、コンビニであれば、どんな客がどんな時間帯に多いとか、仕入れがどうなっているのかとか、シフトはどうなっているのかとか、レジを打つときにどういうふうに入力するのかなどだけを書いては意味がありません。でも作業日誌のような「今日はこんなことがあってたいへんでした。疲れました」というだけのものになってもだめです。

このような場合は、視点をひとつに絞ることを提案します。

たとえばコンビニであれば、余った食品をどう処分しているのかという視点。コンビニのゴミ箱には家庭ゴミまで捨てていく不届き者がいるが、そのゴミ箱を通してどんな「社会」が見えるのかというような視点です。

ある学生は、いま社会問題化しているファストフードの店などでの「名ばかり管理職」について、自分の立場から店長がどのぐらいのシフトで労働をしているのかを観察してきました。職場の上司にも「取材」をしてありました。もちろん、上司の名前は匿名です。これは告発モノとしてはなかなかの出来でした。

こうして自分の働いている日常を言葉に置き換えることにより、ただ単に働くだけでなく、自分の労働にどんな意味があるのかを考えるようになります。昨今の派遣切りや貧困問題までを視野に入れながら、社会と労働の関係について思いをめぐらせることもできます。つまり、私的な視点を社会的なテーマに昇華させることができるのです。

直アタリか、電話で交渉してみる

体験取材としていろいろな疑似体験をしてくる学生もいます。

車椅子(いす)で家から近所の駅まで移動をして、その行程を書いてきた学生がいました。視覚障害者の感覚を知ろうということで目隠しをして歩いたりするなどは、福祉系の大学や学部、あるいは中学や高校の総合学習でも実践していることがあります。体験して「たいへんだなあ」と思うことは誰でもできます。

もちろん、その「たいへんさ」を伝えるだけでもいいのですが、その「たいへんさ」はどこからくるものなのかを文章にして他者に伝えるためには、さらに取材が必要になります。

たとえば駅の構内などには、視覚障害者のための通路の上に旅行会社が看板やパンフレットを入れた棚を置いていることがときどきあります。なぜ、そんなことになっているのかを当該の旅行会社や鉄道会社に取材してみるのです。

そして、鉄道会社や行政の対応はどうだったのか。たらいまわしにされなかったか、学生ということでずさんな対応をされなかったか、どういう会話があったのかをすべて記録するのです。たらいまわしにされたら、それを忠実に再現する。学生という理由であしらわれたら、それもきちんと記録する。学生であろうがクレーマーであろうが誠実に対応してもらえたら、もちろんそれも書く。そうすることにより、これから学生が出ていく社会の肌触りのようなものを感じることができるのです。「事実」に迫っていく過程が大事なのです。社会の肌触りから「本質」的なものに直に触ることになります。

そしてできるだけ当事者、この場合は視覚障害者にインタビューをしてほしい。駅のホームなどで線路に落下して死亡したり、大怪我をした視覚障害者は少なくない。それはどうして起きるのか。防ぐ方法はないのか。そういった方向へと取材と思考をひろげていってほしいからです。

が、ここまでやる学生はほとんどいません。それは、業界でいう「直アタリ」をしたくないからのようです。人に聴いていくことを「めんどうくさい」と思うようです。インターネットで調べて「あたった」気になっている傾向が強く、電話の一本をかけることすら苦痛のようです。

生身の人間と人間が接触したとき、必ずそこにはなんらかの摩擦が起きます。言い負かされたらどうしようとか、怒られたらどうしようとか、そういう心配もあるようです。インターネットである程度の「結論」がわかっているとき、あえてそこに生身で分け入っていくことに必要性が感じられないようです。

しかし、あえて、直に会いに行くか、少なくとも電話をかけることをぼくは勧めます。自分の声で相手に交渉すること。このあたりまえのことが大切だと思うからです。学生はできることなら、メールで済ませたいと本音では思っているふしがあります。最近、メールで依頼をしてしまえば声で伝えることは必要ないと勘違いしているメディア関係者にたまに遭遇して驚きますから、これは学生に限ったことではないかもしれません。

文面で伝えることも大切ですが、声には文面にはない力があり、さまざまな微妙なニュアンスにはたくさんの情報が含まれているのです。ちょっとめんどうくさそうな声、自信たっぷりの声、ちいさくて聴き取れないような声……。語調を変えてみたり、相手の語調から判断して駆け引きをしたり、互いに声を介して想像力が働くのです。それで相手がどのような人なのだろうと想像もできます。

メールで一斉に指示を出したり、人に会うのが億劫（おっくう）だからとメールにしているほうが合理的な場合もあります。しかし、声に出して伝えたほうが、仕事がうまくいくこともある。既知の間柄であればメールでもいいかもしれませんが、初対面や取材の場合はできるだけ「声」で申し込むことをぼくは口を酸っぱくしていっています。

自分の声を使って、自分の身体を使って、現場に身を置くということは、「自分全体」で現場に対応するということです。

精神科の閉鎖病棟取材

体験取材の例として、学生たちにぼくの作品を読んでもらいます。

次の短編は看護師の雑誌から注文を受け、夜勤も含めて看護師さんの手伝いをして書いた「体験」取材です。小児科やホスピスなどいくつかの候補のなかから選ぶようにいわれ、精神科の閉鎖病棟を選びました。数時間だけ観察して帰ってくるという取材ではなく、たった一昼夜ですが身体ごと現場に沈ませるという方法は、五感すべてでその場の空気を感じ取るちからが試されます。

［午後三時過ぎ、病院の敷地内にはいると、錆(さ)び付いてペンキがはがれかかった白色の鉄格子越しの窓から私をじっと見つめる男性の目があった。小柄で痩(や)せた男性で、ジャージのような上下を着ている。年齢は五十過ぎぐらいだろうか。

　さっそく、西村俊彦看護部長から入院患者さんの概況などを聞く。全部で八病棟あるこの病院はいわゆる収容型で、いま現在で三百六十六人（キャパシティは三百八十一人）が入院中とのこと。大半が統合失調症に罹患(りかん)した患者さんだ。退院の近い患者さんには近所での買い物や、作業所などの見学を許可しているが、原則的にすべての病棟は閉鎖してある。職員は事務職員をのぞくと、四十人の看護師、八十人の准看護師、四十七人の看護助手で二十四時間の看護体制を組んでいる。

　私が看護体験をさせてもらうのは、急性期の男性患者さんが入院している第七病棟で、ベッドは四十床で満杯状態。隔離室は六部屋あり、全病棟の中でその数が最も多い。これから夜勤体制にはいろうとしている四時半からの引き継ぎ会議に同席させてもらう。日勤帯の女性看護師さんから、とくに隔離室の患者さんの体重や言動、投与薬の量や種類などが細かく報告され、「多訴」や「多弁」、「良眠」など専門用語が飛び交う。「○○さんは調子が上がっている」というのは「調子がいい」のではなく、ハイテンションになっているという意味で要注意の申し送りだということがわかる。何度も「タイン」という言葉が出てきて、要注意事項だということはなんとなく理解できたのだが、その意味はのちに知ることになる。

引き継ぎのときは八名いた看護スタッフは夜勤帯になると二名になった。看護師さんと看護助手さん。二人とも男性だ。彼らに付き添われて棟内をまわり、一日のスケジュールなどの説明を受ける。見たことがない私の顔を、向精神薬の副作用のせいだろう、とろんとした目つきの患者さんが凝視する。統合失調症患者が醸しだす特有の張りつめたような静謐感が私に伝わってくる。一人の若い患者さんがしきりに話しかけてきた。大学の建築学科に通っていて、いまは休学中だという。彼は今年の三月に幻覚妄想状態で医療看護入院となった。「センパイが追いかけてきて、怖くなって暴れた」と自分の病状を私に事細かく話し続けた。その日は私を見かけるたびに、手を挙げてあいさつをくれたのだが、どこかいらだっているような印象を受けた。

ホールには車いすに座ったまま奇声を上げている患者さんがいる。ヘッドギアをして、身体は車いすにマジックテープ式の拘束帯で固定されている。よく聴くと、看護助手の名前を連呼していることがわかった。他の患者さんが、「うるさいよう!」とたまに注意をする。名前はAさん。年齢は四十をすぎたぐらいだ。

やがて六時が近づいてきた。十分ほど前からホールに患者さんが集まり始めている。夕食の時間だ。各自が決められたテーブル席に着き、助手さんが一人ずつ手渡したり、隔離室に配膳していく。サバの塩焼きと糸こんにゃくの白和え。ご飯をおかゆ状態にして供される患者さんも半数ほどいる。肝臓病などの合併症で、カロリー制限が必要な患者さんのためのメニューである。大半の患者さんは自分で食べることができるが、数人は高齢かつ痴呆症状が出ており、介助なしでは食事ができないため、助手さんがスプーンで一口ずつ食べ物を口元に運んでいる。聞けば、この病院の患者さんの平均年齢は五十七歳で、入院年数が三十年を超える人もいるという。

大半の患者さんは十分も経たないうちに食べ終わった。が、そのままテーブルを離れない。薬を飲むためである。食事中、ナースステーションでは看護師さんが四十人分の薬の仕分けをしていた。飲み忘れのないよう、錠剤の入った袋に顆粒薬を混ぜ合わせる。菓子箱を細かく碁盤の目状に区切り、各患者さんが服用する薬をそこに並べていく。六時二十分過ぎ、食事が終わったのを見計らって、看護師さんが薬を配りだした。患者さんはお湯でそれをのどに流し込んでいく。助手さんはテーブルの上を拭くなどの後片付けをしながら、食べるスピードが遅い食事介助が必要な患者さんのフォローをしている。

薬を飲んだら、喫煙タイム。タバコは私物である。やはり菓子箱を碁盤の目状に区切り、いろいろな銘柄のタバコがはいっている。吸えるのは一本だけで、それが一日に十一回ある。行列をつくった患者さんに一本ずつ助手さんが配布をして、火をつけるサービスぶり。私が「火までつけてあげるんですか？」と驚くと、「普段は自分で火をつけてもらいます」と助手さんは笑った。患者さんたちは吸い終わると部屋に引き揚げたり、ホールでテレビを観たりする。

七時に十回目の喫煙タイム。お湯も配給される。最後の喫煙タイムは一時間後の八時である。八時二十分には就寝薬を配る。消灯は九時。ちなみに起床は朝の六時半だが、覚醒（かくせい）の早い患者さんは深夜三時には起きてしまう。ホールに出てきていいのは五時からだ。

患者さんの体重は日に二度計る。が、患者さんによっては日に四度も計測が必要とされる方もいる。

たとえばBさんはこの日、体重が三キロ以上増加していることがわかった。そこで私は「タイン」の意味を知ることになる。統合失調症の症状なのか、向精神薬の副作用なのか原因は判然としないのだが、一気に数リットルの水をガブ飲みしてしまう患者さんが少なくないのだ。それが「多飲」だった。一気に何リットルもの水を飲むと、血液の濃度が急激に薄まり、意識障害を起こしたり、まれに脳浮腫を招いてしまうこともある。水中毒、ともいわれる。

この日もBさんは洗面所の水道の蛇口にしがみついて水をガブ飲みしているところを助手さんに見つかり、力ずくで引き離された。Bさんはそれだけでなく、よその病棟にも勝手にはいり込み、患者さんを殴りつけるなどの問題行動も引き起こしている。

「(水道の蛇口から)引き離そうとすると、肘(ひじ)打ちで抵抗するんですよ」と助手さんが、その肘打ちの真似をして困った顔をした。

「多飲」をやめないBさんを一晩中見張っているわけにはいかない。看護師さんは担当医師の指示をあおぎ、やむなく隔離室にはいってもらうことになった。そうと決まれば、二人の行動は迅速だ。私も助手さんについてナースステーションを出て、Bさんのいる八人用の畳部屋に走った。Bさんは廊下を徘徊(はいかい)していた。私は助手さんの指示に従い、Bさんの布団をかかえ、隔離室に運び入れる。同時に助手さんがBさんを横から抱きかかえるようにして隔離室に連れて行く。そのあとを看護師さんと駆けつけた医師が追う。Bさんは「手を洗っているだけじゃないかあ!」と何度も抗議の声を上げるのだが、あっと言う間に隔離室の床の布団に組み伏せられるようにして寝かされた。そして間髪入れず看護師さんがBさんの腕時計をはずす。暴れてそれが看護師さんらに当たるとケガをするからだ。

医師がBさんの枕元に座り、こんこんとBさんに語りかける。「水はペットボトルで飲むって約束したでしょう？　ちゃんと言うことを聞いてくれないと困るなあ。二階（の病棟）に行って人を殴ったりしちゃだめでしょ。言うことを聞いてくれたら、明日（隔離室を）出られるからね」。その間、助手さんは片手でずっとBさんのからだを押さえている。

ナースステーションに戻ってBさんがはいった隔離室のモニターを見ると、Bさんは腹を立てているらしく、鉄製のドアを激しく足で蹴っている。しばらく経っても興奮はおさまらないため、再び医師の指示をあおいで二人は隔離室に直行、Bさんの臀部に精神安定剤を注射して戻ってきた。ものの数分の早業だ。

九時の就寝時間が迫ってくる。ホールの片隅で先ほどのAさんが大声で叫び続けていた。Aさんもあらかじめ隔離室にはいってもらうことになっていた。助手さんが車いすを隔離室の中まで押していく。車いすとAさんを固定していたマジックテープの拘束帯をはずし、腕を引っ張り立ち上がらせる。そして柔道技の大外刈りをスローモーションでかけるようにしてAさんをゆっくりと布団に横たえる。Aさんが手足を振り回そうとすると両腕を押さえつける。その間に看護師さんがAさんの着ているジャージを脱がせて大人用オムツを取り替え、拘束帯をAさんの腰の部分に巻き付けた。拘束帯は布団の下の畳に固定されており、ホック式のものだ。オムツ交換のとき、手が汚れることは日常茶飯事だろうと予想がつく。

Aさんは今年五月、ある事故を起こした。もとより「盗食」癖が強いAさんはお昼のおやつに出されたロールケーキを丸ごと、看護スタッフの目を盗んで口の中に放り込んでしまった。嚥下ができないAさんはケーキをのどに詰まらせ、窒息状態となり、チアノーゼもあらわれた。看護師さんがとっさにのどから掻きだしたが、脳機能に障害が残ってしまったのである。こうした事故を未然に防ぐためにも、看護師さんらは常に細心の注意を患者さんの動きに払っていなければならない。

九時に棟内アナウンスをして消灯。しかし寝つけない患者さんがナースステーションに入れ代わり立ち代わりやってくる。たとえば、若い男性が同部屋の患者さんが聴いているラジオの音がうるさくて眠れないと訴えてきた。患者さんの一人がつけっぱなしにして眠ってしまったようなのだ。助手さんが「わかりました」と素早く消しにいく。

九時半に助手さんが懐中電灯を持って巡回に出た。巡回は三十分から一時間おきに行うそうだ。巡回では患者さんの呼吸などを確認する。戻ってきた助手さんが看護師さんに隔離室のBさんのことを報告した。「便器に顔をつっこんで水を飲もうとしていたのだが、臭くて飲めないと言っていました」。すぐにまた病棟内で異音がした。すると、すっとんでいく。ナースステーションとホールを仕切る透明な小窓だけが開けっ放しにしてあるのは、水道水が流れ出る音などをキャッチするためだ。

仕事の合間にお二人に話を聞いた。二人ともいわゆる転職組。前に勤めていた会社が不況の風にあおられ傾いたのがきっかけである。看護師さんは二十代のときに精神病院で作業療法を手伝っていたことがあったが、その後は十年以上、医療関係の仕事にはついていなかった。助手さんはバス会社に勤めていたのだそうだ。

「精神病院の入院患者さんはたしかに一時は興奮しているけれど、内面では助けを求めているんです。暴れて隔離室にいれるしかなかった患者さんが別人のようになって退院していくのを見るとやはり感無量です」と看護師さん。助手さんもその意見にうなずき、「前の仕事と違って、毎日が変化の連続で楽しいですね」。しかし、「暴れる患者さんはやはり怖いです。仕事ですから立ち向かっていきますが、ベッドの柵を振り回されたり、患者さん同士の乱闘を止めにはいるのは今でも怖いです。患者さんの中には隔離室にいれられることを逆恨みされる方もおられますから、夜勤のときに襲われるかもしれないと不安にかられて胃が痛くなります」とも。きれいごとではすまされない看護の恐怖と、患者さんを救いたいという気持ちは矛盾しないようだ。

どちらかがずっと隔離室のモニターを見ている。いっときも目が離せない。Bさんが眠れないようで足をばたばたさせているため、当直医師の許可を得て、睡眠導入剤を飲ませに行ったのは十一時だった。患者さんには「良眠」をとってもらうことを第一に心がけている。あらゆる精神病は不眠が引き金になることが多く、逆に眠れるようになることが回復（寛解（かんかい））のきっかけになるからである。

十一時から助手さんが先に仮眠をとる。三時間の休息。私も外来の診療室の片隅に布団を用意してもらったのだが眠れない。ひたすら精神医療についての本を一睡もせずに読み続けた。病棟からは患者さんの奇声がときおり聞こえてきた。病院に隣接して大型マンションが建っているのだが、そこの住民からの苦情は容易に予想できる。

翌朝五時に私はナースステーションに戻った。もう患者さんが数人ホールに集まっている。看護師さんが充血した目でファイルに昨夜の記録を書きつけていた。じきに例の大学生の患者さんも起きてきたが、私を見ても何のリアクションもない。昨日の態度との落差はなんだろう。その疑問を看護師さんと助手さんに投げかけてみると、変調は昨日から始まっていたという。彼は昨日、私が来たぐらいから「調子が上がって」いたのだ。今朝と昨日とはあきらかにちがう態度もその延長にあると二人は察知していた。「人間の温度」のようなものを見抜いてしまう眼力は、日夜の患者さんとのコミュニケーションから生まれるものだろう。いまだに「正体」のわからぬ精神の病。それをかかえる人々とともに、病そのものと最前線で対峙する看護師さんらの気概に私は圧倒されるだけだった。」（徳洲会グループの看護&ケアマガジン『ヴィーヴォ』二〇〇四年十二月号を改稿）

シンプルな構成の短編で、基本的に出来事や観察したことを時系列に並べてある一例です。

ぼくは以前から「心の病」に関心があったため、この現場を選びました。机上の調査だけではなく、心を病んだ人々が寝起きしている現場に身を置いたとき、自分がどう反応するかを知りたかったという、自身に対する好奇心からでもあります。ちゃんと寝られるのか、どんな会話ができるのか。医師や看護師以外の「異物」であるぼくに対して患者さんたちはどんな視線を向けてくるのか。ぼくという人間は彼らの目にはどのように映るのか……。それは丸ごとそこにいなければわからないことです。体験取材のおもしろさはそこにあると言えます。自分のなかにひそんでいるなにかを現場という鏡に映し出すことにより、検証してみたかったのです。

現場に身を置いて好奇心を引き出せ

メディア業界で働きたいという学生は多くいます。

ですが、「どういうテーマや領域に関心があるのか?」という質問をすると、返答に窮する学生が大半です。漠然とメディアで働きたいという気持ちはあっても、具体的になにをやりたいのかがわからない。調べものはうまいし、メディア業界の情報はよく知っているのに、強烈な好奇心というのが感じられない。漠然と「伝える」ことに関心があることはぼくにもわかるのだけど、それが具体性を帯びない。

だからそういう学生は、なにがしかの生々しい取材の現場に身を置くことによって、無意識の好奇心や探究心を、表側に引っ張りあげることをしたらどうかと思うのです。書物を読むのもいいし、インターネットで調べものをしてもいいのだけど、たぶんそれだけでは、自分の奥底にひそんでいる漠然とした好奇心に気がつかないと思うのです。

できる限り、関心のおもむくまま、いろいろな現場に行ってみる。そうすることによって、自分の無意識にある好奇心が具体的に見えてくるはずです。いや、もしかしたら逃げ出したくなって、本当に遁走(とんそう)してしまうこともあるでしょう。現場で迷惑をかけてしまうことだってあるかもしれません。それでもあえて現場に身を置いてみることを、ぼくは勧めています。考え込んだり、悩んだりするより、まず身体を動かしてみる。「現場」はさまざまなことを教えてくれるのです。

ぼくは二十歳すぎから複数の媒体(雑誌)の記者として働いてきましたが、初めてマスコミで大きく取り上げられた事件を取材したのが「女子高生コンクリート詰め殺人事件」(註13)でした。

テレビで事件を知り、いてもたってもいられなくなり、事件の起きた「足立区綾瀬」に向かいました。綾瀬という町で起きたことはニュースで知っていたのですが、被害者が監禁され死にいたらしめられた現場である加害少年の自宅はどこかわかりませんでした。「記者クラブ」に属している大手メディア記者たちは事件現場等の情報を警察から仕入れています。記者クラブに属さない雑誌記者たちはそうした記者たちから情報をもらって取材に動くのですが、そうした「からくり」もぼくは知らず、駅前に行けばなんとかなるだろうと思っていました。少年たちが卒業した中学はわかっていましたから、まずはそちらの方向に歩いて行った。そして、道行く人に「事件」のことを尋ね、小一時間で現場に辿(たど)り着くことができました。

町をさまよい歩きながら身体で感じたのは、ざらざらした町の空気のようなものでした。事件のことを尋ねながらほっつき歩くぼくに投げられる視線、不良っぽい少年に尋ねたときに返ってきた「他にも(監禁されていた家に)出入りしていたヤツがいたんじゃないすか?」というぶっきらぼうな返事。言葉尻(じり)は尖(とが)っているように感じました。

そうした空気は現場を歩かなければ感じえないものです。町に漂っていた不良少年たちの不作為が被害者の少女を取り巻き、死にいたらしめたのではないかという仮説のきっかけを、ぼくはそのときにつかんだのです。

それから綾瀬で、事件を起こし逮捕され「鬼畜」とメディアで呼ばれた少年たちにつながる数十人の少年たちとぼくは会い続け、その記録を『少年の街』(註14)という作品にまとめます。少年グループの抗争に巻き込まれたり、ヤクザに殴られたりというアクシデントも何度かありましたが、それも現場に身を置いていたから体験できたことです。その後も当時の記憶はぼくの脳裏にとぐろを巻くように残っていて、それを『17歳。』(註15)というコミックスの原作として作品化しています。

現場に五感すべてを動員してのぞむと予期しえない出来事や人を寄せつけることになる。そう、ぼくは思っています。

註8『自動車絶望工場』 季節工として働いた自動車製造工場での、絶望的に続くベルトコンベア作業の過酷さなどを描いた作品。一九七四年刊行。

註9『最底辺』 西ドイツのジャーナリスト、ヴァルラフがトルコ人に変身して、移民労働者たちの生活を描いた作品。

註10『原発ジプシー』 美浜、福島、敦賀の三つの原発で下請け労働者として働き、放射能被曝の実態を描いた作品。一九七九年刊行。

註11『戦争になれば飢えは終わる』 北朝鮮市民の想像を絶する過酷な生活と自暴自棄の気持ちを描いた作品。一九九五年刊行。

註12『搾取される若者たち』 東京大学大学院生であった著者が、「バイク便ライダー」として働いた経験をもとに、若者世代の低賃金労働の実態を描いた作品。二〇〇六年刊行。

註13「女子高生コンクリート詰め殺人事件」 一九八九年に、四人の少年が女子高校生を四十一日間にもわたって自宅に監禁し、暴行したうえで殺害し、遺体をドラム缶にコンクリート詰めにして遺棄した事件。

註14『少年の街』 女子高生コンクリート詰め殺人事件を追い、事件周辺の百人を超える少年を取材した記録。一九九二年刊行。

註15『17歳。』 一九八九年三月に発覚した女子高生コンクリート詰め殺人事件から、約十年間にわたる少年犯罪を取り上げたルポ『17歳の殺人者』をもとにしたコミックス。二〇〇四年刊行。

3時間目

自分の身のまわりを掘り下げてみよう

自分自身に「取材」という外圧をかける

たとえノンフィクションに関心がある学生でも、自分なりのテーマを見つけて取材をし、作品を書くまでにいたるのは難しいことです。そういう場合には、学生たちに「セルフノンフィクション」を書いてもらうようにしています。

ところでセルフノンフィクションとはなんでしょうか。

ほとんどの方が耳慣れないのも当然です。これはぼくの造語で、「セルフドキュメンタリー」からきています。セルフドキュメンタリーという呼び名も決してメジャーではありません。セルフドキュメンタリーとは小型カメラ等で自らの日常や生活の周囲、人生を記録することにより、内面にあるさまざまな問題性を映し出すというきわめて私的な手法をいいます。

日本での歴史は一九六〇年代にまでさかのぼりますが、この十年ほどこのセルフドキュメンタリーが有名になったのは、日本映画学校の卒業生たちの卒業作品の一群が、自分の臓腑（ぞうふ）をまるでさらけだすかのように、自身の生活周辺や家族の内面を映像で表現して、アマチュア作品ながら高い評価を得て、劇場公開されたり、多くの映画賞を受賞したりしているためです。『ファザーレス』『あんにょんキムチ』『ｈｏｍｅ（ホーム）』などが有名です。

『ｈｏｍｅ』は引きこもりの兄と、そのせいで解体しそうな家族に定点観測的にカメラを向けます。『ファザーレス』は、男性に身体を売ったり、リストカットをしたりしなければ生きられない青年が、その姿をカメラで撮り、それを母親に見せるのです。つまり、自らに「撮る」という外圧をかけてドキュメンタリーを進行させているわけです。

崩壊した家族や自我しか題材にならないのではないかという指摘はありますし、一回性という宿命から逃れられないので、この手法をほめそやすことへの抵抗はぼくにもありますが、若い人の「自分さがし」的な作品に用いる方法としてはアリだと思います。

カメラや取材といった外圧を自分自身や家族にかけるということはそれまでになかった混乱を招き、予想していなかった結果がもたらされることが往々にしてあり、作品の濃淡はあるにせよ試してみるに値する方法だと思うのです。

これを映像ではなく活字に置き換えたのが、セルフノンフィクションとぼくが勝手に呼んでいるものです。私的ノンフィクションといってもいい。映像ほどのインパクトはないかもしれませんが、自分自身に「取材」という外圧をかけることにより、言葉にしにくかったことがらや、見て見ぬふりをしてきたことがらを率直に表現することになります。内観（ないかん）（註16）に近いかもしれません。

そういう意味では『五体不満足』はセルフノンフィクションです。二〇〇八年末に亡くなった飯島愛さんが書いた『プラトニック・セックス』も、梅宮アンナさんが書いた『「みにくいアヒルの子」だった私』もそうです。

セルフノンフィクションは「人生を前に進める」ため

授業では、セルフドキュメンタリーの代表例として、先に挙げた日本映画学校の卒業制作作品として高い評価を受けた松江哲明さんの『あんにょんキムチ』を観てもらいます。そして、セルフノンフィクションでは二本松泰子さんの『愛されない愛せない私』（註17）の一節を学生に紹介します。

『あんにょんキムチ』は在日コリアン三世である松江さんが、「自分は韓国人なのか、日本人なのか」という自問自答を抱えて、自分のルーツを辿る旅にカメラを向けたものです。彼の祖父は死ぬ間際に、寝坊して最期のときに来ることができなかった孫の哲明さんに「哲明バカヤロウ」と言って息をひきとりました。松江さんはその言葉がずっと棘（とげ）のように心に刺さっていて、祖父の足跡を追います。祖父はなぜ日本に渡ってきて、「日本人」になりたかったのか、家族や親戚はどう思っていたのか、自分の家族（両親や妹）はどう思っているのか、を問い続けカメラで記録します。

重たいテーマながら、飄々（ひょうひょう）とした彼の言葉の選び方や、ナレーションを妹が読んでいるせいでしょう、思わず破顔してしまうシーンが何ヵ所もあり、作品として自己満足に陥らず退屈させないセルフドキュメンタリーに仕上がっています。

セルフドキュメンタリーやセルフノンフィクションは、なぜ表現されるのでしょうか。それを二本松さんの本のあとがきから借りてみます。

二本松さんはある月刊誌に自分がアルコール&セックス依存症であったことを告白し、自分はアダルト・チルドレン(註18)であったと規定したうえで、その背景として生い立ちを赤裸々に語りました。するとマスコミから取材が殺到することになります。


「こうして私は、「セックス依存症の女」と呼ばれるようになった。

そのことについては、なんら不満はない。むしろ意図的に自ら選んだ道でもあったからだ。

(中略)

そして、その告白は親への絶縁状の役割も果たしてくれたことは幸いだった。

テレビや雑誌記事は、私がアルコールに浸かり、セックスを求め続けた理由を「親からの愛情不足」と定義づけた。

確かに、親は私に対し支配と圧迫を繰り返し、それは愛情とはほど遠い行為だった。だが、それに甘んじていた私のこれまでの生き方に問題があったのではないか?

そういった思いが胸に去来するようになると、「依存症」という言葉にも違和を感じ、過去の自分の行為を正体不明の「病気」のせいだけにして本当にいいのか? との自問自答の日々が続いた。

もう一度、本当の自分を自分で知りたい。

酒とセックスをなぜそんなにも求め続けたのかを。

そうでなければ、前へ進めない。

まず、しなければならないこと――それは酒とセックスに狂った本当の理由を知ることだ。

私は自分のこころの奥へと潜った。

こころの深海に沈んださまざまな記憶の断片を拾い集め、言葉に置き換えて順序だてて並べてみることにした。深海の底を漂いながら、今まで形を与えられてこなかった感情のすべてを言葉へと転化し続けた。

(中略)

作業をしていくうち、私の内側でくすぶっていた闇の塊の残り滓(かす)が、窓から差し込む陽差しの中にだんだんと静かに溶けて消えていくのがわかった。

(中略)

もう私の内面には無意味で根拠のない焦りや悲しみ、憎悪はない。」(『愛されない愛せない私』飛鳥新社)

そう、自らを「取材」し、それを表現するのは「前へ進むため」なのです。生きるためと言ってもいいでしょう。

前向きに生きるために過去の自分を客観化したり、いちど立ち止まって内観してみたりする。そしてそれを言葉に表してみる。

毎年、二十～三十名の学生がセルフノンフィクションを書くことを選びます。そのなかで圧倒的に多いのが、「いじめられ」体験です。なぜ自分がいじめられたのか、それはどれほど苦しく、辛いものだったのか。誰にも言えなかった体験を憎悪や後悔の気持ちを織りまぜながら切々と書き表してきます。

小学生から高校生までいじめられた体験を持ち、それが原因で対人関係がうまく築けなくなったりしている学生が少なくありません。どんなきっかけで、誰に、どういじめられたのかなどを、とうとうと書いてくる。過去を思い出したくないのに、必死で記憶を呼び起こそうとして書いてくれる学生もいます。まわりから見ると円満な友人関係だったのに、実は無理に同調させているだけで、苦しい中学生や高校生時代だったことを告白してくる学生もいます。

自分のセクシュアリティを書いてくる学生もいます。ある女子学生の作品の出だしは「彼女」の部屋から大学へ行くシーンから始まるものでした。学内では同性愛者であることはカミングアウトしておらず、学外の同性愛サークルのなかだけが、彼女がほんとうの自分でいられる場所でした。恋人の部屋から大学に来て一日を過ごすなかで、自分のセクシュアリティを反芻（はんすう）し、考察していく構成でした。

ごくまれに、過去に犯した罪を告白する学生もいます。万引きや暴力事件の類から、通行人の老人をはねて命を奪ってしまった例までありました。何万字にもおよぶ懺悔（ざんげ）の言葉は、一瞬の過ちを犯した自分をえぐっています。

被害体験もあります。当時はその「行為」の意味がわからなかった。幼いときに受けた明らかな性暴力が、いまになって辛い体験としてよみがえってくるというものです。また、幼稚園の同級生と性器をさわり合ったという体験が、いまの自分に記憶としてどう残っているのかを淡々と書いたものもありました。

そして、セルフノンフィクションの延長で、自分の家族のことを書いてくる学生も毎年必ず十五～二十人はいます。

親や祖父母がどういう人生を歩んできたのかという、いわば伝記のような形式をとりながら、そこから自分にとって家族とはなんなのだろう？　と考えた作品です。家族の履歴書のようなものではなく、たとえば祖父母が伊勢湾台風を経験したならば、伊勢湾台風はどれほどの甚大な被害を及ぼしたのかを調べ、祖父母はそのときどうしていたのかをインタビューして事実ときちんと照らし合わせてもらいます。

親に聴くことができなかった「家族のタブー」を取材した学生も少なくありません。

姉の「死」の原因を知りたくても聴けなかったのを、ぼくのノンフィクションの講義に背中を押されて母親に取材をしてまとめてきたという、学生の作品には刮目せざるをえませんでした。彼女にとってみれば、ものごころついて以降、ずっと気になってはいたけれど、聴くタイミングを見つけることができなかった。そこで授業の課題を理由にして母親に切り出したというのです。母親は最初、びっくりしたようです。でも「話すときが来た」と意を決したように語ってくれたそうです。姉は交通事故で三歳のときに亡くなってしまい、そのあとにあなたが生まれた、と。子どもの死に触れることはタブーとなり、母親は自分を責め、一度は家庭は崩壊寸前までいってしまったそうです。

娘から「取材」を受けながら、母親は涙を流し、贖罪（しょくざい）をするかのように語り続けたそうです。「取材」という名目とはいえ、親子で初めて交わした会話だったそうです。「取材」が彼女の背中をほんの少し押すちからになったのだと思います。

あるいは、家出をした実母について書いてきた学生もいました。家族に対しても、自分に対してもそれを言葉に置き換える機会は、いままでなかった。両親の事情に立ち入ることは憚（はばか）られたし、立ち止まって考える余裕もなかったけれど、思い切って父親に事情を聴き、母親が別の男性と出ていったこと、きっかけは借金だったこと、いまどこでどんな生活をしているのかを知ったのです。そんな母親について自分はどう感じているのかを、セルフノンフィクションとして書いてきました。彼女がどうしてそのことを書いたかというと、気持ちの「整理」をしたかったのだそうです。

家族の「崩壊」に向き合うことは辛かったけれど、母親にいまさら戻ってきてほしいとは思わないし、自分が「捨てられた」という感覚もない、母親が幸せならそれでいいと思っている。その学生の場合も、家族のタブーを書くのは「人生を前へ進めるため」なのだと思い知らされます。

繰り返しますが、ぼくの課題はぼくだけが読むという前提ですから、赤裸々に書けるという特徴を持っています。もしこれが署名記事として誰の目に触れるかわからないという前提ならば書いてこない部分もあると思います。「私自身を整理するために書いた。点数をつけたら処分してください」と付言してあることもまれにあります。

「何年何月に○○高校入学、バスケットボール部に入る」「仲のよい友達ができる」という履歴書に毛が生えたものしか書けない学生もいますが、とうぜん、それでは点数はあげられません。

本村洋さんの人物ノンフィクション

ぼくが雑誌に書いてきた人物ノンフィクション等を何編も読んでもらい、その記事を書くためにどういうインタビューをして、どう構成をしたのかという解説をします。

ノンフィクションのなかで「人物もの」は基本のひとつです。まずは週刊誌『アエラ』の「現代の肖像」コーナーにぼくが書いた「本村洋さん」の記事を読んでもらいます。

［目指す部屋はアパート最上階の四階にある。階段を上っていく。一階から三階まで、表札はない。階段や踊り場には枯れ葉がたまっている。足元に黒い塊。干からびた鼠(ねずみ)の死骸だ。四階の部屋のドアには、埃(ほこり)をうっすらと被った幼児用の缶ジュースやパン、ドラえもんのぬいぐるみ、ドライフラワーになった花束などが折り重なるように供えられている。それらはこの部屋で惨殺された二人の鎮魂のために置かれているのだ。

ドアにもうけられた牛乳瓶を受け取る口はガムテープで目張りがされ、開けることができない。が、新聞受けはなぜか口を開けていて、部屋の中が見える。和室の畳に日溜まりができている。

本村洋は二〜三ヵ月に一度、人目につかないように深夜十二時をまわった頃にひとりでここへやってくる。ドアの前に水と花を供え、しばし佇立(ちょりつ)する。闇と静寂が本村を包む。このドアの向こう側にはかつて、学生結婚した妻・弥生と十一ヵ月の娘・夕夏との平凡な日々があり、夫として父親として家族のために生きようと決意した自分がいた。が、それはなんの前触れもなく奪われた。強姦目的で侵入してきた十八歳の少年の手によって。

「今の人生の出発点はここにある、と自分に言い聞かせるのです。殺された妻と娘のために自分は闘っているんだ、と。それなのに、時々、事件のことを忘れている自分に気づくことがある。それに、事件に遭ってから僕はマスコミで発言をさせていただいたり、講演等を通じて自分自身の体験や犯罪被害者の窮状を訴えてきましたが、いつも僕だけが取り上げられていいのだろうかと思うのです。犯罪被害者遺族は僕だけじゃないのに。それでもせっかくチャンスをもらっているわけですから、一生懸命に話そうと思うのですが、時々そういうことが面倒に感じるときもある。そうすると、自分を許せないというか、嫌気がさすのです。そういう時はここに来て、事件当時のことを思い出すのです」

犯罪によって家族を殺された遺族は、日常の生活で否が応でも事件当時のことがフラッシュバックすることがある。なのになぜ、あえて恐怖と絶望の時空へと針を巻き戻すという、過酷な行為を己に課すのか。それはおそらく、本村自身が、数多（あまた）の犯罪被害者遺族の立場を代弁できる立場を与えられていることを自覚しているゆえなのだろう。

一九九九年四月十四日。本村が残業を終えて夜九時半すぎに自宅に戻ると、玄関ドアの鍵が開いていた。部屋に入ると真っ暗で、家族がいる気配がない。居間、子ども部屋、寝室を捜したが妻・弥生と娘・夕夏の姿がない。急病で慌てて病院に行ったのかな、と思った。が、部屋がいつもと違う。カーテンが閉め切られ、座いすが倒れていた。ガムテープが床に転がっていた。

妻の母親に電話をいれると、「外出しているかもしれないから、（弥生の）カバンがあるかどうか確認してみなさい」と言われ、押し入れを開けた。すると、靴下をはいた足が、重ねて押し込んであった座布団の隙間から見えた。本村はすぐさま反対側の押し入れの戸を開け、座布団をはねのけた。

妻は背中をこちらに向け、頭が布団に沈むかっこうで横たわっていた。黒いカーディガンが背中までめくれ上がり、一目でレイプされたことがわかった。我を失いそうになりながらも、「弥生、どうしたの、だいじょうぶか」と問いかけた。顔と手にはガムテープが巻き付けられていた。妻はすでに冷たくなっていた。いったい何が起きているのかわからない。一一〇番通報をすると、何も触れないようにと警察官から指示された。本村は居間で呆然と立ち尽くしたまま、妻の遺体を見ていた。見るのも、目をそらすのも怖かった。

直ちに第一発見者である本村は警察署で事情を聴かれることになる。夕夏はどうしたのだろう。どうか生きていてほしいと願ったが、日付が変わって十五日の朝の五時か六時ごろ、「夕夏ちゃんも遺体で発見されました」と知らされる。娘の遺体は押し入れの天袋の中に放置されていたのだった。その瞬間、身体が硬直し、震えが止まらなくなった。何かを話す気力さえ失せた。

葬儀は三日後に執り行われた。斎場に並べられた弥生と夕夏の柩といつものように川の字で寝た。夢を見た。以前に家族三人で遊びに行ったことがある錦帯橋（山口県岩国市にある五連のアーチ型の木橋）を、妻が娘の手を持って「よいしょ、よいしょ」と言いながら渡っている。二人が歩いて彼岸へ行くのを本村はじっと見ていた。犯人が逮捕されたのはその翌日だった。

本村は現在、家族と暮らしていた集合住宅からクルマで十分ほど離れた、自らが勤める会社の独身寮で暮らす。引っ越しは刑事たちも手伝ってくれた。事件現場となったアパートを引き払うとき、押しかけるマスコミに家の中を見られないように、本村は内側から新聞受けにガムテープで目張りをしてきた。しかし、事件直後に大挙して押し寄せたマスコミが押し開けてしまったらしく、新聞受けは五年間、ポカンと口を開けている。

事件直後から本村はメディアに己を晒し続けた。泣きながら妻と娘の遺影を胸に抱えて裁判所に一人で入っていく姿や、判決後の記者会見の席にただ一人座り、怒気を全身に漲らせ、「少年という理由で死刑にできないのなら、いますぐ社会に犯人を戻してほしい。自分の手で殺します」と言い放つ姿は、犯罪被害者という存在を社会に知らしめた。殺された側の嘘偽りのない激情を露にする本村の言葉は、叫びたくとも叫ぶことができなかった被害者たちの共感を得、同時に世間に犯罪被害者に対する関心度を高める大きな一因となった。逆に言えば、それまで被害者の姿をメディアは正面から取り上げなさすぎた。

本村は、設立時から参加した全国犯罪被害者の会・幹事、いわば「社会活動家」として犯罪被害者の権利確立を訴え続けてきた。最近は被害者の刑事司法参加を求める司法改革を政府に促すための署名運動をおこない、数十万の署名の束を小泉首相に手渡してきた。また、全国の警察官や市民団体の招きに応じて、犯罪被害者がいかに司法制度の蚊帳の外に置かれてきたかを理路整然と語る。ドキュメンタリー番組の後押しで渡米、アメリカの十代の死刑囚にインタビューをしたり、死刑廃止議員連盟会長の亀井静香衆議院議員と対論もした。死刑をめぐって中学生や高校生と討論会もおこなった。

「僕だって生きるチャンスがある者を死刑にするということに迷いはあります。ですが、あくまでも法治国家である日本の最高刑は死刑であり、被害者遺族としてそれを求めるのは当たり前の感情なのです。それを変えることはできません」

一審の山口地裁で加害少年に対して検察は死刑を求刑したが、判決は無期懲役。二審の広島高裁も原審を支持した。検察は最高裁に上告中である。死刑か無期か。二十八歳になった本村は判決を待ちながら、犯罪被害者運動の若き牽引車として奔走している。


本村は、大阪で生まれて間もなく北九州市の門司に引っ越した。大きな転機が訪れたのは地元の中学三年の夏。テニス部で活躍していた本村は、市内大会で上位にランクされるほどの腕前だった。しかし、ある日、身体がだるく、足に痛みを覚えた。目もかすむ。監督が「気合を入れろ」と頭にゲンコツを落とすと、頭部がへこんだまま戻らない。病院に駆け込むと、ネフローゼ症候群と診断された。現代の難病の一つとされる原因不明の腎臓疾患だ。頭部には特有の症状である浮腫ができていたのだ。

翌日、入院。夏の大会に出られないショックどころか、医者には「病気と結婚するつもりで生活するほかはない」と告げられた。テニス推薦で高校進学を狙っていたが諦め、工業高等専門学校（高専）を受験することにした。中三時は夏に三ヵ月、さらに年を跨いで入院、二月に病院内で高専の試験を受けた。

中学生の本村は小児病棟の六人部屋に入院、同室の一つ年下の少年と仲がよく、しょっちゅう将棋をさした。ある日、将棋の最中に、少年が「ちょっとキツい」と言い出した。「じゃあ、あとでやろう」と本村。が、少年の様子がおかしい。口蓋を開けたまま、本村が体をゆすっても反応がない。慌てて本村がナースコールをすると、医師たちがとんできた。本村は部屋の外に出された。

しばらくすると、ゴム手袋をした医師が出てきた。部屋を覗(のぞ)くと、少年の寝ていたベッドのシーツが真っ赤に染まっているのが見えた。彼は死んだんだ、と本村は直感で理解した。

「その時、ぼくは泣かなかったんです。泣こうと思っても、泣けなかった。自分が病気であることがわかったときは、なぜ僕だけが、と泣けたのに。ショックが強すぎて涙が出なかったのかもしれませんが、泣けないのは薄情だからじゃないか、と自分を責めたんです」

同時に本村少年は悟った。人間はいつどうなるかわからない。人はいずれ死ぬ。でも、病室では死にたくない。だから人生は楽しまなくちゃいけない。人生はふてくされてちゃいけないんだ。人は生きなくちゃいけないいんだ——その決意が涙を押しとどめたのかもしれなかった。

高専は無事に合格。治療は通常もちいるステロイドホルモン剤を投与していたが、徐々に効果があらわれなくなってきた。最終兵器といわれた免疫抑制剤を使うと、やや効果があらわれた。しかしそれは、もう使うクスリがないことも意味する。

ここで本村は決意を実行する。幸い小康状態を維持できたこともあって退院を願いでた。まずは原付き免許を取った。そして、高専のメンバーで野球チームをつくり、自ら監督になる。三年時にはロボットコンテストに出場、五年時にはガソリン一リットルで何キロクルマを走らせることができるかというエコノミーランにも出場。この頃に、当時福岡市郊外の短大に通っていた弥生と合コンで知り合う。退院後もネフローゼの再発は幸運にも免れていた。

妻と娘が眠る墓は、小倉(こくら)市内を一望できる小高い丘の霊園内にある。その霊園の真下には本村が通った高専がある。高専時代、仲間と肝試しをしたり、授業をサボりに登ってきた場所でもある。月に一回は行き、線香が燃え尽きるまで妻と娘に日々あったことを語りかける。

実家は今もその近くにあるのだが、本村が寄ることはめったにない。実家に顔を見せるのは盆と正月ぐらいのものだ。

本村の父、敏（さとし）は言う。

「公判のときはいっしょに裁判所に行って、記者会見の最中は外で待機しておったのですが、このところはテレビや新聞を通じて息子の活動を知るというかんじになっています。署名活動やら講演をあちこちでしておるようですが、教えてくれないのです」

息子の獅子奮迅ぶりを見聞きするにつけ、両親の胸には複雑な感情が去来する。母、恵子はこう漏らした。

「心の傷は私たちよりずっと深いと思います。運動をがんばってほしいという気持ちはあります。誰もやっていないことに先鞭（せんべん）をつけているのですから。ここまでする強い人間だとは思っていませんでした。仇（かたき）をとるために何かはすると思っていましたが、今の洋は昔からは想像できません。ただ、だんだん息子が私たちから離れていってしまうような気がして、さびしくもあります。事件にさえ遭わなければ平凡に暮らしていたはずなのに……。事件に遭ったことによってさまざまな人々と会い、それも息子の人生なのだと思いたいのですが……。親として、そうやって自分を納得させようとしているだけかもしれませんね」

本村は、「なんで親に言わないんでしょうかねえ」と自問しつつ、親との距離をこう説明する。

「へんな言い方ですが、親を巻き込みたくないんです。うちの両親や弥生の家族には普通に生活をしてもらいたいと思っているのです。もちろんオヤジの気持ちもわかる。けれど、僕にとっての非日常である活動はいちいち言わなくていいかな、と。両親は僕に幸せになってほしいという気持ちのほうが強いと思いますから、僕の姿が痛々しく見えると思う。

それに、年に一度か二度実家に帰りますが、そこは昔のままの空間でおいておきたいんです。活動に染めたくない。それは親は冷たいと思っているのかもしれないけど……。

活動をしていることは家族を守ってやれなかった僕自身への赦(ゆる)し、なのです。そして、殺されたのは、僕の家族、なのです。だからお墓参りも親とはいっしょにいかない。一人でいく。僕が僕の家族に話しかける、僕が帰る空間なのです」

弔い合戦をする息子に、もはや親とて近づくことができない感覚。それほどの境地に本村は立っているというしかない。それでも、こう敏は逡巡(しゅんじゅん)している。

「このまま闘うだけの生涯だったら、加害者のためにわれわれの人生が壊されたままでいいのかと思います。それを天国にいる弥生と夕夏がのぞむでしょうか。安らかで幸せな家庭をもう一度もってほしい。それはまだ、私の口からは洋には言えませんが……」

犯罪被害者遺族にとっての闘いの相手は、加害者や制度だけではない。むしろ日常のなかでの「自分」こそが本質的な相手なのかもしれない。

本村は現在、ご多分に洩(も)れずリストラ旋風が吹く会社のなかで、コスト削減のためのプログラミングを任されるなど、事件以前よりも重要なポストで働くようになっている。また、寸暇を惜しんで中学時代に打ち込んでいたテニスを再開するようになり、地元のテニス大会で好成績を残している。本村の自室にはその表彰状が飾ってある。

「仕事関係で会う人たちが僕の顔を見て、あっという顔をする人がいて、苦痛に感じます。テニスの大会でも名簿を見て、名前を見てあっと言われるのもストレスがたまるんです。僕のプライベートを知っているというのは本当はやりにくいのですが、それを打ち破っていかなきゃいけない。被害者である僕が、被害者運動とは関係のないところで新しい人に会うということに慣れていかなきゃいけないと思っているのです」

本村にとっての「日常」で人と出会うことが苦痛やストレスに感じるなら、マスコミに出て発言するなど、本村にとっての「非日常」である被害者活動をしなければいい。が、その矛盾を生きることが社会へ立ち戻るためのリハビリなのだろうし、修復不可能な被害者の心身にわずかでも癒やしが訪れるとすれば、鍵はそこにあるのかもしれない。本村はそのことを身をもって示そうとしている。

「被害者遺族になると、すべてのことがどうでもよくなるんです。寝癖をなおすことや服を着替えることもどうでもよくなる。仕事をすること、生きることがどうでもよくなる。加害者を憎くて殺してやりたいという、殺意を押し殺して生活をするので精いっぱいになるんです。同時に、もう自分は幸せになってはいけないのか、一人で生きていかなくちゃいけないのかと自分を責める感情ばかりがこみあげてきます。その感情が消えることはないでしょうが、それだけではだめだと思うようになったんです」

本村の住む寮の駐車場には鮮やかなイエローのイタリア製の大型バイクが置いてある。本村が最近、購入したものだ。クルマも新型のフォルクスワーゲンに買い替えた。バイクで妻と娘の墓に参り、その足で九州を一人で走った。

「遺族は人生を楽しんでいけないと思う人が多いし、僕も最初はそうでした。でも、人間だから笑いたい、おいしいものを食べたい、楽しみたいと思う。でも、そうしちゃいけないという気持ちに負けてしまうのです。その上、あのひと家族なくしたのにもう楽しんでるよ、と陰で言うような偏見が日本社会には根強い。例えば笑っているところを人に見られたらどうしようと思う。そういう偏見をなくしてくださいと講演などで訴えている自分が、実はちっちゃくなってしまっていると思った。だから存分に人生を謳歌(おうか)してやろうと思ったんです」

犯罪に遭ったこと、被害者のための活動をしていることはなにも特別なことではないし、いつどこでだれが犯罪に遭うかわからない。本村の生きる様は、犯罪被害者にとっての「日常」と「非日常」だけでなく、被害者と一般社会をつなぐ艀(はしけ)のように見える。

時々、妻と娘の声を思い出せないことがある、それは罪なんでしょうか。そう本村は漏らしたことがある。永遠の声になった妻と娘の声を聞き取るために、本村はあのドアの前に立つ。」(『アエラ』二〇〇四年四月二十六日号を改稿)

人物ルポの八つのポイント

読み終わったあと、学生に対して人物ルポを書くにあたってのぼくなりの取材ポイントをいくつか挙げます。

すべてを網羅する必要はありませんが、ぼくは学生が人物インタビューを行う場合、とくに「子ども期」のことを集中してインタビューするように言います。ことさら学生同士をペアにしてインタビューを互いに行うときは、子ども期はまだ数年前のことなのですが、「当時」と「現在」がどうつながっているのかをつかんでほしいのです。

前述の永江さんも言っておられたけど、ぼくも人物ノンフィクションを書くとき、取材では青春期を集中して聴いていきます。青春期に出会った書物や人、体験したことなどについて時系列に沿って相手の記憶を掘り起こしていきます。青春期のころの記憶は断片的なことが多いのですが、それを聴き手が時系列に沿って丁寧に聴いていくことで記憶が整理され、ふだんは思い出さないようなことがらもよみがえってくることもままあります。それはインタビューする側にとってもインタビューされる側にとっても有用な行為となるはずです。

誰でも、過去と現在はどこかでつながっています。過去が現在を決定づけるのが必然という意味ではありませんが(そうであれば本村さんのような人生はそれにあてはまりません)、過去に体験したこと、考えたこと、記憶したことが現在の自分のどこかに顔を出している、あるいは出そうとしているということをつかまえてほしいのです。

ノンフィクション作家の立花隆さんが東大でゼミの学生に、各界の著名人などに「二十歳のころなにをしていたか」、「なにを考えていたのか」を取材・インタビューさせてまとめた『二十歳のころ』(註19)という本があります。ハイレベルなインタビューを学生がしている本です。この本の作成にインタビュアーとして参加した学生に、卒業後会う機会があり、このときの実践的な学びがその後の仕事にいかに役に立ったかをぼくに語ってくれました。

立花さんは［青春時代を取材するというのは、「謎の空白時代」を取材するということなのだ」といい、［青春とは、やがて来たるべき「船出」へ向けての準備が整えられる「謎の空白時代」なのだ。そこにおいて最も大切なのは、何ものかを「求めんとする意志」である。それを欠く者は、「謎の空白時代」を無気力と怠惰のうちにすごし、その当然の帰結として、「船出」の日も訪れてこない。彼を待っているのは、状況に流されていくだけの人生である」（『二十歳のころ』新潮社）と断じられています。

ですが、実際にはなにものかを求めんとする意志がはっきりと見て取れる者もいれば、「秘めていて」外から見えにくい者もいます。あるいは、すでに状況に流されて他律的に生活を送っている者、そのどれにも分けることができない者など、いろいろなタイプの学生がいます。立花さんは将来に大成するためには「なにかを求めんとする意志」を青春時代にあたためており、やがてそれが激流のごとく吹き上がっていくことをイメージしておられると思いますが、実際の学生たちの「謎の空白時代」は自分でもつかみどころがないということも多いのです。

人物ルポを書くための取材のポイントとして、ぼくが挙げるのは以下の点です。相手が有名人であれ、無名であれ、基本は同じです。書き起こす記事が「地の文」と「カギカッコ（相手の言葉）」をつなぎ合わせた起承転結のある文章にまとめる場合であれ、インタビューの一問一答をそのまま載せるスタイルであれ、落としてはならないものだと考えています。学生をペアにして互いにインタビューをさせるときもこのポイントを理解してもらいます。

一　とりあげる人物についてなんの知識もない人のために、仕事や社会での認知のされ方など「どういう人物なのか」を簡潔に説明する。
二　なぜ筆者がその人物をとりあげるのかという「動機」がわかるようにする。
三　その人物についていままでどんなメディアにも語っていない、ほとんど人に話したことがない「事実」を聴き出す。
四　その人物の「過去」と「現在」がどうつながっているのかを考える。
五　その人物の「子ども時代」をきちんととらえる。
六　その人物の「これから」を聴き出す。
七　その人物をよく知るキーマンをさがす。
八　その人物の「日常」や「生活」の場面を聴き出す。

本村さんについての記事を例に挙げると、学生に読んでもらったあと、そのルポを右記の項目で腑分けしてもらいます。何行目から何行目は二にあたるとか、三にあたるというふうにコピーに直接書き込んでもらいます。

たとえば、以下のセンテンスは一の「とりあげる人物についてなんの知識もない人のために、仕事や社会での認知のされ方など『どういう人物なのか』を簡潔に説明する」という部分に腑分けできます。

「一九九九年四月十四日。本村が残業を終えて夜九時半すぎに自宅に戻ると、玄関ドアの鍵が開いていた。部屋に入ると真っ暗で、家族がいる気配がない。居間、子ども部屋、寝室を捜したが妻・弥生と娘・夕夏の姿がない。急病で慌てて病院に行ったのかな、と思った。が、部屋がいつもと違う。カーテンが閉め切られ、座いすが倒れていた。ガムテープが床に転がっていた。

妻の母親に電話をいれると、「外出しているかもしれないから、(弥生の)カバンがあるかどうか確認してみなさい」と言われ、押し入れを開けた。すると、靴下をはいた足が、重ねて押し込んであった座布団の隙間から見えた。本村はすぐさま反対側の押し入れの戸を開け、座布団をはねのけた。

妻は背中をこちらに向け、頭が布団に沈むかっこうで横たわっていた。黒いカーディガンが背中までめくれ上がり、一目でレイプされたことがわかった。我を失いそうになりながらも、「弥生、どうしたの、だいじょうぶか」と問いかけた。顔と手にはガムテープが巻き付けられていた。妻はすでに冷たくなっていた。いったい何が起きているのかわからない。一一〇番通報をすると、何も触れないようにと警察官から指示された。本村は居間で呆然と立ち尽くしたまま、妻の遺体を見ていた。見るのも、目をそらすのも怖かった。

直ちに第一発見者である本村は警察署で事情を聴かれることになる。夕夏はどうしたのだろう。どうか生きていてほしいと願ったが、日付が変わって十五日の朝の五時か六時ごろ、「夕夏ちゃんも遺体で発見されました」と知らされる。娘の遺体は押し入れの天袋の中に放置されていたのだった。その瞬間、身体が硬直し、震えが止まらなくなった。何かを話す気力さえ失せた。

葬儀は三日後に執り行われた。斎場に並べられた弥生と夕夏の柩といつものように川の字で寝た。夢を見た。以前に家族三人で遊びに行ったことがある錦帯橋（山口県岩国市にある五連のアーチ型の木橋）を、妻が娘の手を持って「よいしょ、よいしょ」と言いながら渡っている。二人が歩いて彼岸へ行くのを本村はじっと見ていた。犯人が逮捕されたのはその翌日だった。」

ぼくはこの短編を書くにあたって、やはり本村さんの「子ども期や青春時代」を集中的に聴いています。

彼が難病と闘っていた時代のことを初めてメディアに載せました。そこで彼の死生観が培われたことも知ることができたのですが、その彼の子ども時代は丁寧に時系列にインタビューを進めていくなかで語ってくれたことです。

つまりメディアにあふれていた「犯罪被害者遺族として闘う本村洋さん」という枠組みを壊したかった。そこだけでは見えてこない「人間・本村洋」を描きたかったのです。そのためにぼくはふたつの視点を立てることにしました。

ひとつ目は、「親子の距離」。

ぼくは取材者としては初めて本村さんのご両親、そして殺害された弥生さんのご両親にインタビューをさせていただきました。第三者に取材することは『アエラ』の当コーナー（現代の肖像）のスタイルでもあるのですが、本村さんの場合にはご両親にも取材することがぜったいに必要だと思いました。裁判所などで本村さんを囲んで、彼のご両親ともお目にかかったことはあったのですが、まさに阿修羅（あしゅら）のごとく闘う息子に対してご両親が、どう「距離」を保とうとしていらっしゃるのかが気になっていたのです。息子との「距離」をどうしても聴きたかった。親であっても、息子に「近づけない」理由とはなんなのだろうか。そして、そういう本村さんを、弥生さんの母上はどう見ておられるのかということも知りたかったのです。

ふたつ目は、彼にとっての「日常」と「非日常」の狭間（はざま）。

そのためにできうる限り日常に同行したかったのです。愛車ドゥカティを駆ってドライブに行くところをタクシーで追走し、瀬戸内海沿いの道を疾走するところを撮影しました。そして早朝から会社の同僚の方々とテニスの練習に打ち込む姿を見たかった。そして、母校の高等専門学校を抱くように連なる丘の上に、天国へと旅立った妻と娘が眠っている墓所を本村さんが参るところもぼくは見たかった。本村さんがぼくやカメラマンや編集者に見られていることを意識しているのは当然ですが、それでも彼の数日間の生活を観察したかったのです。

そうするうちに、本村さんの「日常」と「非日常」がくっきりと分かれていることに気づかされます。

彼の日常は会社員ですが、非日常は被害者の会の活動家であり、メディアで被害者のための制度確立を訴えることに没頭しています。彼自身の裁判がメディアで報道されればテレビで彼の顔や声は露出し続けることになります。町中でも商談中でも、彼は「あっ」と気づかれてしまう。日常に、非日常が入り込んでくるのです。彼はそれをとても嫌がっていましたが、同時にそれを引き受けてもいました。そうした「揺らぎ」のようなものを描きたいと、ぼくは光市で取材を続けるうちに思うようになったのです。

註16　内観　自分自身の精神状態を見つめ、観察する方法。

註17『愛されない愛せない私』　一九六四年生まれで、ＯＬ、劇団研究員などを経てフリーライターになった二本松泰子さんが書いた酒、セックスにおぼれた二十代と、その日々から解放されていく三十代を描いたノンフィクション作品。二〇〇一年刊行。

註18　アダルト・チルドレン　十分な愛情を受けられないような機能不全家庭で育ったことにより、成人してもなお内心的なトラウマを持っている人のこと。

註19『二十歳のころ』　二十歳の若者たちが有名無名、老若男女六十八人に「青春期をどう過ごしたか」をインタビューした作品。一九九八年刊行。

課外授業
自分の「入れ替え可能性」について

ここでご紹介するのは、ぼくの自己紹介として学生に読んでもらっている文章です。ぼくの「セルフノンフィクション」とも呼べるかもしれません。

毎年百五十〜二百人ぐらいの学生が履修希望を出してくれますが、講師のぼくのことはほとんどの学生が知りません。ノンフィクションライターという職業についてもほとんど未知の状態です。よくドラマにルポライターという設定の配役の人がいて、やたらと人や風景にカメラを向けたり、取材対象者を待ち伏せしていたりする登場の仕方をしますが、実際にあんなことはありえません。少しは正確に描いてほしいものだと思いますが、学生はヘタをするとそんなイメージしか持っていません。

ぼくの来歴を伝えつつ、メディア業界で働きたいと思っている十代から二十代の方のヒントになればよいと思って書いた文章です。

高校時代に出版して一万部

「ライターになる夢をあきらめかけたことはありませんか。

そう、質問されることがたまにあります。ライターになる夢ですか……？　とぼくが困った顔ををして聴き返すと、相手はたいてい怪訝(けげん)な顔をします。

そして、ぼくが答えようがなくてしばらく唸(うな)ったあとに、「あきらめるもなにも、ライターになるのはべつに夢じゃなかったんです」とお答えしますと、今度は相手が呆気(あっけ)にとられた顔をして黙ってしまいます。

多くの人が今現在の生業に「夢を叶(かな)えて」なったわけではないように、ぼくも現在の名刺の肩書「ノンフィクションライター」を生業とすることを夢見たことは一度もありません。

では、嫌々やっているのかと問われればそれは違うのですが、中学生の頃のいわゆる「将来の夢」は考古学者だったし、高校生のときは具体的にこれといって自分の将来像は考えていませんでした。気がついたときにはライターとして生活の糧を得ており、人からもそういう肩書で呼ばれていたのです。

ぼくは愛知県名古屋市で生まれ、高校を卒業するまでは土地を離れて暮らしたことはありません。高校時代は一端(いっぱし)に社会問題に関心を持ち、反原発運動をやっている人々や、在日コリアンや被差別部落などへの差別問題を追及している人々、天皇の戦争責任を考える人々、学校での子どもの人権問題を告発している教師たちなどが主催している集まりに、学校の勉強はそっちのけで首を突っ込んでいました。

デモ行進に参加したり、ビラ撒き(ま)をしたりといったことは日常でした。

ぼくは自らが高校生ということもあり、とりわけ学校問題に傾倒していました。学校でおこなわれている子どもへの人権侵害や犯罪的行為を告発し、それがどういった目的や構造あるいは背景でなされているのかを社会に問うという活動を日々やっていました。

いわば「高校生活動家」というやつです。自衛隊派遣反対を訴えてイラクに入ったはいいが、拉致(らち)・監禁され、「自己責任」論議を巻き起こした北海道の高校を出たばかりの若者がいましたが、彼もテーマこそ違え同類だと思います。

そして、その日々の記録を一冊の本にまとめたものが、高校を卒業するときに本屋に並べられました。版元は東京にある社員五人ほどの小さな出版社、教育史料出版会でした。高校二年のときに老舗(しにせ)月刊誌『世界』(岩波書店)に投稿したことがきっかけで、東京・水道橋にあった教育史料出版会の社長、故・橋田常俊さんから直接オファーがきたのです。

本の内容は高校生にしか書けないことでしたから、それなりに話題になるだろうとも予想していました。ぼくの予想通り本はあっと言う間に局地的(愛知県中心)に一万部近くを売り上げ、ぼくはメディアに引っ張りだこになりました。印税で事務所を借り、同世代の読者とそこを解放区だのアジールだのと命名して気取っていました。そこを拠点に同世代とネットワークをつくり、学校を変える社会運動を起こそうと画策したのです。

数百人単位の若者らが出入りするようになりましたが、しょせんは十代の政。内紛や人間関係の縺れで二年もたたないうちに分裂、ぼくは挫折を味わい、逃げるようにして上京しました。ちょうど東京の私大にも合格していたので、愛知との二重生活をしようと考えていた矢先でした。二重生活はスタートする前に破綻したのです。

大学には数日行きましたが、キャンパスに入るだけで「ここはおれのいるところではない」などと根拠のない反発心を覚え、したがって授業に出る気も芽生えません。が、ともかく生活費は稼がねばならぬ。ならばと、本を出したことによって在京のマスメディアの人たちとずいぶん知り合いになっていたので、その人たちをたずねていきライター見習いのような仕事をもらうことになります。

自分がなんらかのメッセージを発信すれば、見も知らぬ誰かとつながることができるということを体感していたせいもあるでしょうし、アルバイトをするならメディア関係でと思っていましたが、その仕事を将来も続けていこうとは思っていませんでした。何年かのちには名古屋に戻り、会社員をやろうと漠然と考えていました。二十歳になるかならないかの頃です。

高校卒業時に出した本を書くために十数校の生徒たちからずいぶん聴き書きをしましたので取材の真似事はできましたし、四百字で二百五十枚分の本を書きあげたという自信もありました。また、その本がきっかけで学校問題についての雑文をいくつも書くようになっていたということもありました。学校問題や教育に関わるマーケットは広く、媒体も多いせいもあって、高校を出たてのどこの馬の骨かもわからない若造に誌面を提供してくれる媒体がけっこうあったのです。メジャーな媒体はほとんどありませんでしたが、いちおう署名原稿を書いていたのです。橋田さんはじめ、本の出版を通じて知り合った先達たちからずいぶん仕事を紹介してもらいました。

ですが、気分は活動家高校生のままで、プロのライターとして生きていくという自覚はありませんでした。それでも高校卒業の四年後には自殺を思い止まった少女たちの聴き書きルポと、教師たちの研修制度を取材した単行本を出しています。高校卒業時に出した本から数えて二作目と三作目になるのですが、ずるずるとぼくはライター業を継続していったのです。」

記事に全責任を負う必要を痛感

「やがて週刊誌のデータマンの仕事もはじめました。ぼくは「週刊誌記者を経てフリーに」という紹介のされ方をしますが、業界におられる方ならおわかりですが、社員記者以外の週刊誌記者は基本的にフリーです。一誌と専属契約しているライターもいますが、そこだけでしか書いてはならないという縛りはありません。たいがいは二〜三誌を掛け持ちしている。ぼくは『週刊ポスト』の記者として働きだしましたが、同時に他誌でも記事を書いていました。

あるとき『週刊ポスト』で進めていた企画がライバル誌に抜かれてしまったため、それを『スコラ』に持ち込んだことがあります。企画は、保釈された直後の戸塚ヨットスクール校長・戸塚宏氏を追いかけ、インタビューをとるものでした。インタビューの約束をとり付けたのですが抜かれてしまったので、『スコラ』に場を移して大々的なインタビュー記事をつくることになりました。都内のホテルのスイートルームでぼくと副編集長とカメラマンで彼に会い、事件の核心に触れる質問をすると、「おれにいったい何を言わせたいんや?」と恫喝されたことをよく覚えています。とりなすうちに、彼は次第に機嫌を直して、「これから石原慎太郎と会うんや」と言い残して去っていきました。

この『スコラ』でぼくはニュースページなどで記事を書かせてもらっていたのですが、そのうちに連載企画をやってみないかと言われ、提案したのが「夜を駆けろ!」というノンフィクションでした。夜に蠢く若者たちをルポするというもので、東京—大垣間の夜行列車(通称・人民列車)に乗って(実際に帰省にたまに利用していました)なかに乗車している人々を取材したり(ヘンテコな宗教行為をしていたりするグループもあり、家出少女もいたり、一種のカオス状態だった)、神戸にある自主FMラジオを立ち上げた若者などを取り上げていました。

ですが、一回目の原稿があまりにヘタくそだったため、アンカーを入れることになります。アンカーとは最終原稿を書いてくれる人のことです。何人かの先達ライターの名前があがり、ぼくはNさんをお願いしました。Nさんは時間が許す限り取材にも同行して、まとめ役をこえた仕事をしてくださいました。

が、ここで問題が発生したのです。新宿二丁目の同性愛者(ゲイ)の若者たちについて書いたときのことです。ぼくは友人を通じて何人もゲイの若者と会いました。彼らは二丁目を楽しみつつ、世のゲイ差別に対して激しく怒っていました。マスコミにはゲイを揶揄したり、バカにしたりするような風潮が強いので、彼らは警戒していましたが(『スコラ』という雑誌のイメージもあった)、ぼくは時間をかけて、どのような趣旨の記事にしたいかを説明し、理解をしてもらうことができました。

ぼくはインタビューの内容を「データ原稿」としてアンカーであるNさんに手渡しました。アンカーがまとめ上げた原稿を事前に見ることはありませんから、刷り上がるまでどんなものができあがってくるのかわかりませんでした。完成した原稿はデータマンにとって勉強になります。渡したデータのどこの部分を使い、どう構成したのかなど、じつに学ぶところが多い。

しかし、その掲載された文章を読み進むうち、ぼくは冷や汗が出てきました。それは事実がまちがっているというのではなく、どこかゲイに対して嘲笑するようなニュアンスが行間から感じられたからです。ああ、これはヤバイな、と。やはり、いやな予感は的中しました。すぐに取材を受けてくれた若者たちや、彼らを紹介してくれた人からも抗議がきました。「藤井を信頼して取材を受けたのに、なぜあのような裏切る文章が載ったのか」というものでした。アンカーは別の人であることも説明していましたが、取材を受ける側にとって顔の見える相手はぼくだけなのですから、もっともな話です。

大下英治さんや猪瀬直樹さんもデータマン・アンカーマンシステムを採用されて量産しておられたので、それを否定するわけではありません。ただ、テーマによっては向き不向きがあるということと、アンカーとの思想的共通基盤のようなものがないと難しいなと思ったのです。

髙山文彦さんが大下英治事務所にいたときの回想を、こう書いています。

「大下さんの事務所にいる限り、どんなに取材してもデータ原稿を書いても、読者に対して責任を負うのは大下さんですよね。批判や間違いによって訴訟になったとしても、全責任を負うのは彼であって、ぼくではない。ぼくは何をどう調べても、誰にも責任を負わなくていい。それが嫌だった。とてつもなく不自由だと思った。自分ひとりで全責任を背負える立場でありたかった。

仕事で疲労困憊（こんぱい）したある日、頭がだんだん単純化して動物的になっていたときに、ぼくはそう考えたんだ。大下事務所から独立して自由になり、フリーランスとして全責任を自分で負って、その立場を自分で守り続けていく、と決めたんです。」（『フリーランス・ライターになる方法』日本放送出版協会）

『スコラ』では記事の端に「取材・藤井誠二」と小さくクレジットは入れてもらってはいましたが、文章を書くのはアンカーですから、責任はアンカーにあります。しかし、抗議はぼくのところにくる。アンカーにはアンカーの視点や思想があるわけですから、データをどう料理しようがデータマンがとやかく言う権利はありません。

この一件でぼくは、取材から書くことまでの全過程で全責任を負うことができるスタイルでやらなければだめなんだと思い知らされます。書いた原稿に責任を持ち、取材した対象との関係ができあがっていく過程を大事にしなければならない、と。プロの自覚があろうがなかろうが、この先ペンで喰っていこうと考えていようがいまいが、「自己責任」というものを痛感したのです。そして、そうすることによってノンフィクションを書くという仕事のおもしろさは倍増するのではないかとも思えるようになったのです。」

カンボジアでの決心

「それでもなお、ぼくは迷っていました。乗り掛かった船のようにこの仕事を続けていくかどうか、本当にこの仕事が自分に向いているのかどうか。

ぼくは当時、友人が編集していた『エセコミ』というミニコミ誌に次のような文章を書かせてもらっています。ちょっと長くなりますが、引用します。ちなみに『エセコミ』とは宮沢和史率いるTHE BOOMのファンクラブが出していた季刊誌ですが、ファンクラブの情報誌を超えた、THE BOOMのファンならずとも読ませてしまうクオリティの高い雑誌です。

［日本以外のアジアの土地を踏んだのは初めてだった。そして、ぼくには持て余すほどたっぷりと時間があった。そのせいだろうか、ぼくの身体には旅の一日ごとの光景が、強くはっきりと記憶化されており、日本から持っていった使い古しのノートに書き留めた日々の雑感をながめるだけで、瞼(まぶた)を閉じると数々のそれらが鮮やかに蘇る。カンボジアの太陽や風、町の悪臭や喧騒(けんそう)。民の笑い声、呼び声、怒声。旅の前半、ぼくにとって五感すべてで感知したそれらの要素は、単にもの珍しい事物であったり、好奇心の対象であったりしたが、後半にはいるとそれら一つひとつが重い意味を帯びてぼくにのしかかるようになった。（中略）

ぼくは二十歳すぎからいままでの間、主に学校問題や子どもの人権に関わるルポを発表してきたが、一昨年の後半から少しずつ仕事を減らし、単行本の執筆に専念してきた。九二年にはいると、まったくといっていいほど仕事もせず、部屋にあるオーディオ製品や家具を売り払ったり、質屋でカネを工面したり、友人から借りたりして生活していた。その本は『少年の街』(教育史料出版会)という題名で今年(一九九二年)の六月に出版されたが、その後、カンボジアにいくまで、宣伝用の原稿以外は仕事をしてこなかった。

仕事を切ってきたのは、本の作業に集中するためというより、ある決意をしていたからだ。それは、『少年の街』を出版したら「書いて喰う」ことをやめることだった。そのことはかなり以前から思案していたことなのだが、決定打となったのは、ひとりの辣腕(らつわん)編集者から受けた叱責(しっせき)だった。『少年の街』の土台にしようとしていた百枚程度の文章を見せたところ、氏は冒頭部分を読んだだけで一蹴(いっしゅう)し、「おまえはまだ若い。〝書くために書かない〟ということを何年か続けたほうがいい」とぼくに語った。充電しろということである。けっきょく、ぼくは原稿を他社に持ち込むことになるのだが、その編集者の言葉は腹の奥底に沈んだ。

カンボジアの旅はその区切りにするつもりだった。もちろん、取材が目的ではない。費用は友人たちからかき集めた。

単にアジアをのんびり歩き回りたいなら、なぜカンボジアなど選んだのかとある先輩からいわれた。たしかにいまUNTAC(国連カンボジア暫定行政機構)が統治し、ゆえに世界中のジャーナリズムが注目、常駐している「紛争国」とはいえ、ぼくには未知のアジアの国という認識のほうが強かった。

もちろん、日々の新聞やテレビが地雷地獄だとかマラリア地帯などと書き立てていることは知っているから、その裏側をのぞいてやろうという「色気」をすこしばかりはあわせ持っていたが、気持ちの大半はとにかくアジアのどこかに身を運んでいきたいという衝動めいたものだった。

(最初の)カンボジア滞在は約一ヵ月だった。首都プノンペンや同市近郊を中心に滞在したが、タイ国境に近いバッタンバンやシソポン、世界的に有名なアンコールワット遺跡があるシエムリアップへも足をのばした。それらの地域はUNTACの武装解除勧告を無視しているポル・ポト派の解放区に隣接しており、単独ではいるのは危険だといわれていたので、日本のNGOの車に同乗させてもらいはいった。シエムリアップへは飛行機でいった。ここも地雷が多く埋設してある地域なのだが、アンコールワット遺跡内だけは安全だった。(中略)(カンボジアでは)空前のインフレーション・ギャップがおき、貧富の格差が生じ、社会福祉などという制度にはとてもまだ手がまわらないほど混乱し、経済力のない小国においては、内戦で障害者になった元兵士や家や家族を失った女や子ども、老人たちにしわ寄せがいく。かれらは飢えることはしないが、突然はいってきた貨幣経済に振り回され、心身ともに底辺に追いやられてしまっている。

旅の後半になって、ぼくの「予定」はくつがえされ、ぼくは何者かに始終、背中を押されているような気分を味わっていた。それは目前に立ち現れる現象が、ぼくにとって重い意味を持ち始めたからである。それは現在、日本のマスコミの多くが展開している「自衛隊報道」ともいえるカンボジアについての一面的な報道からでは伝わってくることがない事実、とでもいったらいいだろうか。そのことを非力ながら、僅(わず)かでも、ぼくができる範囲で記録し、伝えるべきではないのかという意識に支配されるようになったのである。時務として、そして、当為の行為として。

ぼくが尊敬してやまないジャーナリストのひとり斎藤茂男氏の著書のなかに『事実が「私」を鍛える』というルポ集があるが、まさにそのタイトル通りに、脆弱なぼくの精神はカンボジアの現実に打ちのめされた。どうしてこうなのか。なにゆえに解決しないのか。だれが悪いのか。ぼくにはなにができるのか。せっかちなぼくは苛立ち、一刻もはやく、この国の平和的な再建や、あるいは日本がこの国と良好な関係をつなぐことができるようになるための作業に関わりたいと思うようになった。それには、ぼく自身が書くという作業を再開することだと確信したし、向こうで知り合った人たちもそれをぼくに期待した。性急でせっかちだと笑われるかもしれない。おまえの決意はなんだったのか。考えてみれば、ぼくの決意など大したものではなかった。大国の東西冷戦の犠牲になってきたこのアジアの小国の事情にあまりにも無知だった恥ずかしさに比べれば。」(「ルポライターは『色気』を持って旅をする」『エセコミ』第13号・一九九三年一月十八日発行)

いま読むと、なんて感傷的だろう、と自分で笑ってしまいますが、当時二十七歳だったぼくは大まじめにライター廃業を考えていたのです。さきに書いたようにライターとしての「自己責任」を自覚し始めてはいましたが、迷いは消えませんでした。当時ぼくは足立区綾瀬で起きた女子高生コンクリート詰め殺人事件の取材をスタートさせており、月刊誌等に随時書いていました。ノンフィクション作家の黒沼克史さん(故人)は、当時のぼくのことをこう書いてくださったことがあります。

「当時、僕は週刊誌の記者を卒業してフリーになり、夜になると綾瀬の街に集まってくる少年たちを追った。昼夜が完全に逆転した2ヵ月だった。新聞社や週刊誌の記者は街に姿を見せなくなったが、いつまでも街から去らない若者が一人いた。それが20代の藤井誠二だった。」（『ＴＩＴＬｅ』二〇〇一年二月号）

この事件をはじめ少年たちが起こした残忍極まる事件の長期にわたる取材は、のちに単行本となって結実します。本は二度の改訂を経て朝日文庫に入り、結果としてはぼくの代表的な仕事の一つとなるのですが、取材に熱中しながら、一方では醒めた目で自分自身を見ていました。

取材を進めれば進めるほど、ノンフィクションを書くという仕事の本質について悩み、脆弱な自分の精神を思い知らされるにつけ、早いところ足を洗おうと思ったりしました。それに黒沼さんをはじめとする、フリーか新聞記者かを問わず第一線で活躍されている先輩たちがこの事件を取材していましたから、街や裁判所で邂逅すると実は萎縮してしまっていました。

いま反芻すると、ぼくの迷いの正体は、畏兄と慕う社会学者の宮台真司さんの言葉を借りるのであれば「入れ替え可能性」ということだったろうと思います。つまり、ぼくでなくてもいいのではないか、ぼくが取材してぼくが書かなくとも、他の優秀な誰かがやれば少なくとも同等以上の、いやもっとクオリティの高いものができるのではないかという思いに常にぼくは囚われてきたのだと思います。

『エセコミ』の中に出てくる辣腕編集者とは晩聲社の和多田進さん（故人）のことですが、ノンフィクションの鬼の編集者と業界で言われた人の言葉はずばりとぼくの迷いのど真ん中を撃ち抜いたのです。和多田さんはなまじ書けて喰えてしまって満足したような顔をしているぼくを叱咤してくれたのです。実は和多田さんにはぼくの最初の本の装丁を(ペンネームで)手がけていただいているのですが、当時のがむしゃらに闘っているぼくを知っているがゆえに、よけいにそう思えたのかもしれません。彼とはそれから十年後に荒木経惟さんを通じて再会します。

「入れ替え可能性」を凌駕するような濃密な実感を得るためには、取材対象との濃密な人間関係をかたちづくる以外に方法はないと思います。ある意味で空っぽになろうとして出向いたカンボジアで出会った人々が「入れ替え可能性」に囚われていた自分を解き放ってくれたような気がするのです。

ノンフィクションをライフワークとしていくためには、自分でなくともいいのではないかという内なる「入れ替え可能性」に抗する自信や手応えを得ることができるテーマと、そこで派生する人間関係が必要なのだと思います。それはノンフィクションという仕事に限らず、どんな仕事であれ、仕事を超えたライフワークを持ちうるための原則のような気がするのです。」

自分でなければできないこと

[カンボジアの現実を伝えねばという動機づけをされてしまったぼくは、その後二回にわたって現地を訪れ、自動車の整備技術の指導をしていた日本国際ボランティアセンターの馬清さん(故人)のことを、計五十枚ほどの分量で二回にわたって『潮』で報告することになります。ぼくは馬さんの生きざまに感銘を受け、彼の活動の全容をいままさに伝えるのは自分しかいないと思ったのです。いまぼく

がやらなければ誰がやるんだという、シンプルな動機を受け入れることができたのです。

ぼくが犯罪被害者遺族の方々にお会いするようになったのは、一九九七年から一九九八年にかけてです。被害者が少年により殺されてしまった凶悪事件の被害者遺族、とくに大阪の「少年犯罪被害当事者の会」を立ち上げた武るり子さんをはじめ、全国に散らばる会のメンバーの方々に頻繁に取材をさせていただくようになります。

当時は武さんら少年事件の被害者遺族の声を受けるかたちで、少年法や少年事件報道のあり方が厳しく問われるようになっていました。遺族の声はぼくにとって衝撃以外のなにものでもありませんでした。女子高生コンクリート詰め殺人事件等、ぼくが取材をしてきた事件は大人の事件と同様に公開裁判が開かれる刑事事件として扱われていたこともあり、少年事件の大半は被害者が死亡するような事件であっても、家庭裁判所で被害者遺族に対してさえ秘密裏に処理されていくことに対して思いをいたすことができずにいたことに厳しい慙愧（ざんき）の念にかられました。

殺された側にさえ加害者少年の保護育成を目的に事件の一切合切を隠蔽（いんぺい）する、という少年法の欠陥について注視することを怠ってきたのです。ぼくはそれまで書いてきた文章で加害者を擁護したことはありませんが、加害者がなぜその犯罪を起こしてしまったのかという背景論を重視するあまり、犯罪被害者の置かれた窮状、現代の棄民といってもいいほどの窮状を書かないできたのです。その思いは『17歳の殺人者』（朝日文庫）や宮崎哲弥さんとの対論本『少年の「罪と罰」論』（のちに講談社＋α文庫『少年をいかに罰するか』として再上梓）等で率直に吐露をしました。ぼくの目は節穴だったのではないか、と。自分の懺悔を公開しながら犯罪被害者や遺族の取材を進めていきました。そして、少年法は大きく変えねばならないと考え、メディアで訴えるようになりました。政治レベルでもその動きは起き、約五十年ぶりに改正されるに至ったのです。

皮肉なことに少年法の改正に反対した人々の核にいたのは、ぼくが高校時代から書き続けてきた子どもの人権問題について言動を共にしてきた人たちでした。少年法を憲法のごとく信奉する弁護士や法学者たちの被害者の遺族への感性は鈍いとしかぼくには思えず、彼らは少年法の欠陥に対して非を認めようとはしませんでした。とうぜん、彼らとの関係のほとんどは断ち切られることになる。

ぼくは子どもにも大人並みの権利を与えてほしいと高校時代から訴えてきたわけですから、当然、人を殺したら大人並みの責任をとるのがあたりまえとも思っていました。しかし、大人並みの権利を求めるくせに、他者の人生を奪っても子どもだから罰は与えなくともよいと主張する人々にぼくは愕然としたのです。そういった怒りも、ぼくにとってライフワーク化した犯罪被害者遺族の取材の源泉にあります。

少年犯罪被害者遺族だけではなく、あらゆる犯罪の被害者遺族に会い続けています。『少年に奪われた人生』（朝日新聞社）など単行本や雑誌に犯罪被害者遺族の記事を書き、遺族主催のシンポジウムの司会などを引き受けるようになります。思えば、被害者遺族の初の全国組織である「全国犯罪被害者の会」が発足したとき、ぼくは代表幹事の岡村勲さんに取材を申し込む手紙を差し上げたところ、お返事は「当会は被害者の紹介所ではありません」という厳しいものでした。

遺族の方たちと築き上げてきた関係は、「入れ替え可能性」につきまとわれないですむ自信の礎となっていると思っています。ですが、犯罪被害者の置かれた状況に対して、ぼくという一介のライターにできることはなんだろうか、他の誰かにはできないであろう仕事とはなんだろうか、と自問自答が消えることはありません。逆に「入れ替え可能性」を考えなくなったら、そのあとにくるものはノンフィクションライターとしての傲慢（ごうまん）であるとも思っています。」（『文筆生活の現場』石井政之編著、中央公論新社、二〇〇四年を改稿）

「入れ替え可能性」について

ぼくはずっと抱えてきた迷いを当時、「入れ替え可能性」という言葉であらわしています。つまり自分でなければできないこと（取材）はいったいなんなのだろうと悩み続けてきたことに対する自分なりの答えです。言い方は「入れ替え可能性」でなくとも、オリジナリティでも独自取材でもいいのです。誰もやっていない取材、見ていない出来事、発見していない事実、出会っていない人物、持ちえていない視線……。

著名な事件などは大手メディアはとうぜんのこと、フリーランスの記者たちも大勢「参戦」して報道合戦を行います。しかし大半は似たり寄ったりで、横一線の報道の域を出るものではない。ぼくの仕事もそのなかに埋もれてきたと思います。しかし、そんなメディア状況のなかにありながらも、他者から承認してもらうためには、他の人が見つけていない隘路（あいろ）を切り開く努力が必要なのです。

たとえば阪神・淡路大震災に「取材」に行かなかった関西圏の記者はいないでしょう。あふれ返る報道の一角で、自分にしかできない伝え方はなんだろうかと少なくない記者が現実を目の前にしながらも呻吟したはずです。早く、正確に、広くという災害報道の鉄則を堅持しながらも、しかしそこで誰に会えばよいのか、自分にしかできないことはなにかと常に自分に問いかけたはずです。

シェークスピアを舞台化することもそうです。おそらく世界中の演劇人たちが関わってきたであろう古典をどう過去のものとちがえるのか。誰々演出のものはすばらしいと評価されるために演出家は血の滲むような努力をしています。誰もが関心を持ちやすい、取り組みそうなテーマや素材には「入れ替え可能性」はついてまわります。逃げることはできません。

これはどんな仕事に対しても言えることでしょう。世の中の仕事の大半は入れ替え可能性がありませす。誰がやっても同じことが多いのです。ぼくはそのこと自体を否定するつもりはまったくありません。

だけど、世界で自分にしかできないたったひとつの仕事というのは、待っていてもやってきませんし、誰かが紹介してくれるわけでもありません。

この仕事は自分に合わないとか、求めていたものとちがうという理由で仕事を転々とする若者は年々増えているといわれていますが、おそらくその根っこにはそうした仕事への動機づけの困難さに対して早々に見切りをつけてしまう姿勢があるからではないでしょうか。

4時間目 相手の怒りから逃げてはいけない

ここから、メディア業界で活躍する先輩にプロの「取材」のための具体的な方法をお聞きしましょう。まず、『朝まで生テレビ!』の名コーディネーターとして活躍されてきた山口栄一さん(註20)に登場していただきます。たいがいの論客を口説き落とし、テレビカメラの前に座らせてしまう彼の技術には、どんな秘密があったのでしょうか。

「メリット」を切り口にした交渉

冷戦体制がきしみを見せ始めた一九八七年、これまでになかったテレビ討論番組が始まります。いま教えている学生たちが生まれるより少し前のことです。それはテレビ朝日の『朝まで生テレビ!』です。

この番組の特色は、従来のメディア、とくにテレビが不問に付してきた問題を積極的にとりあげ議題に据えたことにあり、たとえば原発、天皇、部落、北朝鮮問題といったテーマに手をつけたのです。これらは商業主義や対立する政治的・党派的イデオロギー、差別問題に抵触することから、問題として存在していることはわかっていても、業界の暗黙の了解で触れてはいけないタブーになっていました。

田原総一朗さんが居並ぶ論者に切り込みながら、対立する論を戦わせていく番組は「画期的」という評価を通り越し、言論界の左右のイデオロギーの垣根をダイナミックに破壊し、それまで決して交わることがなかった言論人らをシャッフルしてしまったのです。

ぼくも一時期、計十回ほど出演させてもらいましたが、それまで近寄りたくもなかった、自分とは思想や政治的立場が異なる言論人らとそこで「強制的」に顔を突き合わせられることになり、なおかつ、視聴者の期待に応えるコミュニケーション(議論)を成立させなければなりませんでした。

しかしこの体験は、その後のぼくの人間関係のつくり方に大きな変化をもたらすきっかけになりました。冷戦体制下、東西体制を引きずる者は、思想信条のちがう者同士、紙面上での議論や批判はあっても、実際に相まみえることはなかったのです。異なる考えを持つ交わることのなかった人間がともかく同じ場に集まる。それも、この番組の特徴といえました。

テレビを見る側は斬新な番組だと受け取ればすみますが、つくり手は従来ならありえなかったステージに、まず論客たちを引っぱり出さなくてはなりませんでした。その一点が、山口さんらつくり手たちがいちばん腐心したところでしょう。

彼はディレクターとして番組開始当初から制作に携わってきました。番組の論題にふさわしい論者を見つけ、出演交渉を行うコーディネーターであり、ネゴシエーターの役割を二十年以上続けてきたのです。おそらく数百人近い論客たちを口説いてきたはずです。そこにも「取材」に使える、高度なコミュニケーションスキルが詰まっていると思い、授業に来てもらいました。

いまでこそテレビに出るということのハードルは低くなっていますが、かつては出演者にはリスクがともなったものでした。とりわけ『朝まで生テレビ!』のような台本もないようなガチンコの討論番組には。生放送時間はかなり長時間とはいえ、限られた時間のなかで思うところを伝える技術も必要ですし、とくに文化人や評論家は講演会のように一方的に話すことはあっても、数百万人という衆人環視のもとで議論をジャッジされる機会はほとんどなかったはずです。それだけに番組出演にあたっては、失敗したり、相手に言い負かされたりしたらかなりのダメージになるというデメリットが生じます。

しかし、山口さんは「積極的に発言することの意義」という切り口から交渉を始めます。

「僕のなかには、ひとつのケーススタディがあって、番組を育てた最大の功労者である日下雄一プロデューサー(故人)から幾たびも聞かされた『原発問題』の時の出演交渉の進め方が、それなんです。

原発問題で議論をすることになったとき、当然、電力会社側の立場に理解を示す討論者に参加してもらわないと議論に偏りが生まれます。ですが、当時は、チェルノブイリの原発事故(一九八六年四月)での放射能汚染の記憶もまだ生々しいもので、『原発』側として出演する者からいえば、原発の存在そのものが生命を脅かすという批判すらあるなかでの出演は、スケープゴートになるだけだという思いを抱くのは当然のことです。つまり、番組に出たところで一文の得にもならないから出たくない、となります。

日下さんは、『原発事故があって、反対運動が盛り上がっていても、電力会社側には代替エネルギーとして進めていかなければいけないという意思もある。彼らは〈どう国民に原発の安全性を理解してもらうか〉を考えていたから、そこが出演交渉の手がかりになる。つまり、ぼくは〈自分の都合のいいことだけ一方的に言うことが理解につながると思いますか?〉と電力会社に問うたのです』というのです」

さらに日下さんは、『一方的に原発を主張するのではなく、なぜ反対されているのか。反対している人に対して、どれだけその主張に説得力があるのか。それを問わなければ、なんの理解もされません』とたたみかけ、最終的に番組出演にこぎつけたといいます」

これが、山口さんがその後も出演交渉をするうえでの基本的な姿勢になっていったそうです。しかしながら、すべての人間がそのような考えに与(くみ)するわけでもありません。

活字であれば縦横に語ることもできますが、テレビでは意を尽くしてしゃべるかどうかよりも、耳目になじみやすい言葉であるかどうかが問われることが多くなります。それに映像は、活字であれば伝えることのできない人柄のニュアンスを伝えもしますが、翻(ひるがえ)って見れば、それは言わんとする態度がその内容より優先されるということでもあります。議論の質が深まらないまま評価されるのは、出演者からすれば明らかにデメリットでしょう。

どうしても欠かせない人物の交渉にあたって、そうした理由で相手が出演を渋る場合、山口さんはメリット・デメリットの問題ではなく、社会的応答(説明)責任や、社会とのコミュニケーションの問題として相手を説得するのです。

「自分の身を守ることからすれば、なるべく表に出ない、発言しないほうがいいのでしょう。けれど、たとえば電力会社にしてもそうだけど、ある使命を担っていたり、ポジションがあったりして、社会との関わりを持っているわけです。そういう人たちが世の中に対してきちんとものを言わないのはおかしい。それは個人でもそうです。ある主張を展開する以上、自分のフィールドで言うだけでいいのか。『あなたはこういう意見を展開しているじゃないですか! それに異論がある人がいるんですよ。それに対してあなたは答えないんですか?』こういうやりとりをすることもあります」

デメリットを問題にしていた相手からすれば、これは論点のすり替えでもあります。しかし、自分とはちがう意見の持ち主と対話することが言論の本来の姿だという口説きは、結果的には相手の動機づけを高めることになるでしょう。

相手が嫌がっていることを明確にする

ここまではコーディネーターとしての役割ですが、それでも固辞する人に対してはどうするのでしょうか。

次のステップを山口さんに質問してみました。

「そういうときは、テレビだから出ないのか。うちの番組だから出ないのか。共演者が嫌いだから出たくないのか。司会が田原総一朗だから出ないのか。議論しなければならないから出ないのか等々、相手がノーという条件をひとつひとつ段階的に検討していくのです。まったく話もできない相手だとこれはもうしかたがないんだけれども、話のできる人であれば、そこを条件闘争に持っていく。そうしてでも世の中に発言する意義があると思っています、と伝えるのです」

このように、条件闘争に持ち込むわけです。まさに山口さんのネゴシエーターぶりが発揮されるところです。相手が固辞する原因を分析して、取り払える条件であれば、検討する。たとえば交渉相手が「司会者が嫌だ」というなら、メイン司会者が休みのときに登場を依頼するといったことも行えるわけだし、共演者に難色を示していたら(実は、言論人にはこの理由が意外に多いのです)、出演者の調整をしたりするわけです。

「いくつか障害や障壁となる原因がある場合、それをセグメントに切り分けて、相手の思惑がどのへんにあるのかを探るというのは大事な行為ですね」

相手が最初に挙げた出演拒否の理由を細かく尋ね、分割していくと、問題の根拠は別のところにあったりすることがわかります。相手のノーの意思表明につまずき、ノーそのものを問題にしてはわからないことです。相手のその表明の質を問うていくことで初めてわかるのです。いわばノーをいったん棚上げにするわけですが、これは相手の意思に取り合わない、無視するという意味ではなく、問題解決に向けての棚上げということになります。

相手に明確なデメリットがある場合、デメリットのはらむ問題を回避して説得しがちなのですが、山口さんのやり方は、相手が何を厭(いと)うているのか、嫌いなのかを明確にすることに特性があります。そのほうがコミュニケーションしやすいのは、問題をフックにできるからでしょう。問題は障害としてではなく、乗り越える足がかりとして扱うともいえます。粘り強い行為でもありますが、山口さんはこれを笑みさえ浮かべながら飄々(ひょうひょう)とこなしていきます。この人にお願いされたら最終的にはノーと言えないなあという気持ちになってきます。ぼくが山口さんを「人たらし」と呼んでいる所以(ゆえん)です。

怒られることは大事

ぼくも何度も出演したことがありますから、実際に「目撃」していますが、番組に出演する人はアクも強く、理由なく機嫌が悪いとか、口をきかない人も多い。奇人変人が集まっていると言ってもいいかもしれません。それだけに議論で感情の高ぶった人は、番組終了後(直後もしばらく経ったあとでも)、それを不満や怒りとして山口さんにぶつけることもしばしばあるといいます。

けれども、「怒られることは大事かもしれない」と山口さんは言います。

「自分の思うように議論が展開できなかった人がいたら、やはりなにか言いたいんですよ。言い訳だってしたいでしょう。それをとにかく聴きます。そのうえで『確かにそうですね。だけど今度はこういう議論だったらこういう角度でやりましょう』とか『こんな人がいたほうがいいですね』みたいな話を、なるべくひとつひとつします」

単に怒らせているだけだと、その後の関係は続きません。山口さんは相手の怒りを全身で受け止め、うまく関係を紡(つむ)ぐようにもっていく。つまり、そういう際の相手の怒りの表明は、「謝罪」ではなく「理解」を求めていることも多いということです。怒りは相手の感情の余韻なので、それをすくい取ることができるかどうかが次につながります。

「溜めたまま帰らせないっていうのは大事ですね。失敗したな、って思ったまま帰っちゃうと、多分今度は出演しないっていう話になってしまいますから。怒りに限らず、相手に言い分をできる限りしゃべってもらう、吐露(とろ)してもらうのは非常に重要です」

ふつう人間は相手の「怒り」から逃げたいものです。

ぼくは取材をするうえでもっとも大切なことはコミュニケーションを通じて人間関係を構築していくことだと思っていますが、関係がこじれた、行きちがいがあった、あるいは、初対面の相手に対して非礼なふるまいをしてしまったということをゼロにすることは、残念ながらできません。とうぜん、相手の怒りを買います。

そのときにどう対応できるか。どうせ一過性の人間関係だと割り切り、その「怒り」から遁走してしまい、無視してしまうこともあるだろうけど、それを繰り返していると、おそらく「逃げ癖」がついてしまいます。逃げ癖はやがて目の前に立ち現れる困難から目をそらして、ついには自分の弱点や非を認めないという自己本位的な性格に育っていきます。

ここで大事なのは、相手の怒りをどう自分のなかで咀嚼(そしゃく)して、逆に信頼関係にもっていくかなのです。怒りという感情は関係を遮断したり、決別したりということだけに働くものではなく、山口さんが指摘するように理解を求めがたいがゆえに起きることでもあるのです。反作用的に対応すればこちらにプラスに働くことも多く、つまり、怒りを互いに理解し合えば深い共感に発展していく可能性もあるということです。

自分のどこが嫌いか、相手のどこが我慢ならないかを吐き出すことは、互いの「差異」を吐き出し合うことにもなるのです。差異＝「自分にはないもの」がいつか必要になったとき、補完し合える関係性に変化する可能性もあります。

ぼく自身も取材をした相手の怒りを買うことはあります。

犯罪被害者遺族の取材をライフワークにしていますが、あるとき、ぼくは新著のお知らせを一斉メールで送ったことがあります。その文面の末尾に「皆様のご多幸をお祈りします」と書いたところ、ある遺族から「最大の不幸を味わった人に多幸などない」と罵倒されたことがあります。ぼくは勇気を出して、すぐに遺族のもとに赴き「いたりませんでした」と謝罪しました。相手は罵倒することでぼくとの関係を断ち切ろうとしたのではなく、被害者の心情はひとりひとりがちがうことを理解してほしかったのだということがわかりました。ある遺族は「被害に遭っても、そう願ってくれる気持ちは別に問題ないし、年賀状も出している」と声をかけてくれましたが、犯罪被害というものをどこかでステレオタイプ視していた自分に気がついたのです。

取材でさまざまな人に会っていると、相手の誤解としか思えない怒りを買う場合もあります。ですが、「あなたの誤解です」と弁明をしても通じません。相手は怒っているのですし、こちらも相手の誤解だと思い込んでいますから。互いにとりつく島がありません。

直接会って話したり、電話でやりとりしたりするだけでは埒があかなくなってしまった場合は、「誤解」が生じた原因を双方をよく知る第三者に分析してもらいます。なぜ誤解を生じさせてしまったのか、どうして怒らせて、悲しませてしまったのかを客観的に指摘してもらうのです。

相手の思考の変遷をたどっておく

「たとえば少年犯罪の問題を番組で討論したいとして、それを取材している、藤井さんのようなジャーナリストの立場の人、あるいは精神科医、矯正現場の人なら、その立場からしゃべりたいことはあるでしょう。ひとつの問題をセッティングしたときに、それについてしゃべりたい人はいるんです。ただ、その人がいかにその問題において核となる人物であるかどうかが重要です」

あるテーマに対して、客観的であり、かつ普遍性を持ち、なおかつ、その人独自の立ち位置があるかどうかを見極めるのが、山口さんの仕事です。固有の意見があればあるほど、それと相容(あい)れない人ももちろん存在することがわかる。水と油というぐらい混じり合わない意見や思想を持っている論者が向き合って対話するイメージが、山口さんのなかでできてくるそうです。

その不協和音こそが、議論のスタート地点なのです。ちがう意見の持ち主を同じ土俵の上にのせるということは、互いの特徴、特性がちがいのなかでよりはっきりするということです。当人同士が犬猿の仲としても、ここで互いに会ったほうがいいと思う場合は、双方に「相手が話したがっているんじゃないですか?」「一度、会ってみたほうがいいと思いますよ。思っているような人とはちがうと思いますよ」などと山口さんは水を向けます。

「嘘と紙一重かもしれませんが、けしかけるのではなくて、むしろその気にさせるというと変だけれども、『それは予定されているものだ』という前提にしてしまう。つまり、『自分と相手はどこかで一度議論しなきゃいけない局面に来ている』といった誤解をさせるわけです」

そんなきわどい方法をとるのは、意見の合わない人間たちのなかに、なにかを共通項として見出し、最終的にお互いが言葉を交わせるようになるための材料を用意することを、山口さんが仕事の使命としているからでしょう。

「たとえば仲が悪い二人だけど、互いに芋焼酎が好きだとして、そしたら『いい芋焼酎あるよ』って、ここに持ってくる。じゃあ行こうかなっていう話になるのと同じです。それだと『この芋焼酎はうまいよね』という会話は成り立つわけです」

ここで、なるほどと安易に得心するなかれ。これは「その場限りで相手をその気にさせる」といったおためごかしではなく、情報収集を綿密に行ったうえでの判断に基づくものなのです。

「どういう人がどういう論述をしているか、かつ、その人がどういう人とどういう関係にあるかとかをつぶさに押さえてあるからこそできるんです」

山口さんの手帳には、そういう論者だけで三百人くらい名前があるそうです。しかも、それはかつてのように単純な思想背景で「この人は右翼、この人は左翼」というように明確に区分できないもので、複雑に思考の軌跡が入り組んでいます。たとえばぼくのことについては雑駁に言うと、一九八〇年代後半は子どもの権利問題を扱っていたが、いまは犯罪被害者を取材するようになった、それはどうしてなのか、それによって思想的立場はどう変わり、かつては誰々と考え方が近かったが、いまは誰々と考え方が遠くなっている……というように。

「冷戦構造があったときは、社会党と自民党が明らかに対峙していました。要はポジショントークで自分の立ち位置を決めて、案外適当にしゃべれたし、敵も見つけやすかった。でも、私たちぐらいの世代になるとそういうものはまったくなくなってきていて、個別の問題についての立ち位置がまったく変わった。だから天皇制の問題で考えはちがっても、現行政府への反対という点では共闘できたりします」

山口さんとぼくは同世代です。自分が信奉してきたイデオロギーや、属してきたグループだけにしがみついていては、社会は見えないし、問題点をあぶり出し、解決策を見出すことはできません。意見が異なる人と交わってこそ、出口が見えます。

現在のように思想信条とその人が結んでいる人間関係が必ずしもつながらないなかでは、情報収集も相手の主義主張を平面的に理解するだけでは足りません。そのためには、関心の持ち方も時系列によって考えの変遷を押さえ、単線的な理解をしないことが重要になります。山口さんは、その人が時間の経過のなかで行ってきたこと、培ってきたことに関心を持つようにしているといいます。

「人という軸とテーマという軸を縦と横として考えたとき、まずは月刊誌の論文を読むようにしてます。具体的には関心のあるところだけを全部コピーして、論文ごとにホチキスでとめて読む。月刊誌だとだいたいテーマ別にストックしておいて、人の軸は本で整理します。新書であろうと単行本であろうと、その人が一人で書いているわけで、その人はその本のなかにあるというふうに考えています」

そういった作業のなかで、「その人がなにを言っているかとか、あるいは、なにをこれから言おうとしているか」という流れを押さえる。それだけに限らず講演会やシンポジウム、報告会といったものにも参加する。「生身のその人に、行けば会えるから」です。当事者に関する情報をいちばん持っているのは当人以外にないのです。

「シンポジウムとか講演会とか討論会だとかは、行けばアップトゥデイトな情報が入ってくるし、おもしろいですよね。行くとだいたいシンポジウムとかだと、いろんなビラとかチラシが入っているから、今度どこそこに誰それが出るなとわかります。そうしたらそこに行って、また名刺を置いて記帳してくると、今度は勝手に案内が来るようになって、そのうち大忙しになります」

山口さんはテレビ業界において、稀有なくらいに古典的な手法で人に直接会いに行くことを身上にしています。電話やメールで済ますことをよしとしない人です。

生身の人間に会うということは、その人が「いま関心を持っていること」を追うことにもなります。その人の考えの背景や文脈を知り、また、テーマの変遷を追いかけていくことは山口さんが言うとおり「大忙し」になりますが、リアルタイムで現代社会の「知」を体感できる知的好奇心にあふれたやり方だと思います。

「質問する」を簡単に考えてはいけない

表面的な情報のやりとりや解釈だけでは、主義主張の対立はエッジが立ったものになります。しかし、生身をさらすことで、文字情報以外のなにかを互いに受け取ることができるのです。そのコーディネーターであり、ネゴシエーターとしての山口さんの「聴く力」は、番組に関わる人間関係にさまざまな化学反応を起こし、さらに別のステージの議論の展開のきっかけを与えることにもなってきたのです。

先にも書きましたが、ぼく自身が山口さんのコーディネートで、それまでの自分では知りえなかった人々と出会うことができ、コミュニケーションスキルを身につけるきっかけになりました。その後からＴＢＳラジオの『バトルトークラジオ　アクセス』という番組で、毎週さまざまなテーマを立ててゲストやリスナーと言葉を交わす仕事を始めるようになりました。ニュートラルな立場に立つということではなく、お互いの意見や考え方のちがいを尊重しながら対話を深めていく方法を、番組を通じて体得していったと思っています。

恥ずかしい話ですが、それ以前は、取材とは議論や討論に近いものだと思っていました。

二十代のときの取材はとくにそうで、たとえば右翼の取材に行ったとき、当時ぼくはとても左翼的な思想だったので、取材相手の同世代の若者がなぜ右翼に憧(あこが)れたのかをインタビューしているうちに、日本の戦争責任についての議論になってしまい、最後には「オモテへ出ろ」みたいな怒鳴り合いになってしまったことがあります。

取材とは本来、意見の対立した者同士が対話を行うように、思考を深め合っていくのが理想だといまは思えますが、若いころは自分の意見や正しさを主張・論証して相手をつぶそうとしたり、ちがった意見は表面的に知るだけで、それを受け入れようとしなかったりするのがかっこいいと思い込んでいたのです。

しかし、それではコミュニケーションが成り立ちません。複雑な世の中の矛盾に対して答えを見つけ出すことができないというジレンマにおそわれるようになります。そんな危惧(きぐ)をぼくは自身に対して覚えていましたが、山口さんの番組やさまざまな取材で他者と関わり、現実に向き合うことで「矯正」されていったのです。

ですから、取材とは、「弁証法的」であればあるほどいいのではないでしょうか。取材と、ここでいう対話はちがいますが、質問者は弁証法を意識しながらインタビューしていくことを心がける必要があるのではないでしょうか。

ヘーゲルの弁証法は、あるテーゼ（正）と、それと矛盾するアンチテーゼ（反）、そして、それらを本質的に統合した命題（ジンテーゼ＝合）の三つを基本に考えます。すべてのものは己のうちに矛盾を含んでおり、それによって必然的に己と対立するものを生み出す。生み出したものと生み出されたものは互いに対立し合い、同時に、まさにその対立によって互いに結びついていて、最後にはふたつが「止揚」されます。

二人の対話者のうち一人が「テーゼ」を語り、もう一人がその「アンチテーゼ」を述べて、対話を通じて、互いの意見を内包したり、統合したりして、止揚して、さらに深い思考をしていく方法です。つまり、取材者が弁証法的な質問を投げかけることによって、相手も用意していなかったような、意識の奥底に眠っていたような答えを返してくる。その往復運動そのものが「取材」となり、そこで聴き出されるテーマが止揚していくという方法です。

弁証法は、古代ギリシアで対話の方法として考え出された智慧（ちえ）です。用いたのはソクラテスですが、プラトンの対話篇では、ソクラテスが実践した、あるひとつの考え方が内在的に伴っている矛盾を明らかにするために、その主張に疑問を投げかけながら議論することでより真理に近づこうとする方法を意味していました。

たとえば、プラトンの著作『エウチュプロン』のなかで、ソクラテスに「敬虔（けいけん）とはなにか？」と尋ねられたエウチュプロンは、「神々に好まれることが敬虔なことである」と答え、それに対してソクラテスは「神々の間でも人間と同様に善・悪や美・醜、正・不正に関して争いや意見の相違があるから、ある神からは好まれ、ある神からは憎まれる」ということになるという具合に問答が進んでいきます。

ぼくはこれを初めて読んだときはたしか二十歳ぐらいでしたから、意味がわかりませんでした。ですが、取材という行為を生業にするようになってからあらためて読み返してみると、少しだけそこに書かれていることの意味が理解できたような気がしました。

人にものを問う・尋ねるという行為は誤解を同時に生みやすく、自分が問いたいと思う質問が一度で正確に相手に伝わったと実感できたことはきわめてまれで、誤解を丁寧にとりのぞきながら何度も往復をしていくうちにやっとわかってきます。

人に質問するということを、いかなる場合も簡単に考えてはいけないのではないかということをあらためて思います。何気ない質問であっても、相手になにかを問うときには、問う者もまた相手から問われているということを意識するか、まったくしないか、それによっておのずと相手の言葉を受け取る姿勢もちがってくるのではないかと思っています。

註20　山口栄一さん　一九六五年生まれ。ディレクター。主に報道系の番組制作に携わる。『朝まで生テレビ！』（テレビ朝日）、『大前研一のガラポン道場』（テレビ東京）、『NEWSリアルタイム』（日本テレビ）など。

5時間目 「あたりまえ」のことをする

オウム真理教へ手紙を出したドキュメンタリスト

一九九五年三月二十日、東京でオウム真理教による地下鉄サリン事件が起きました。都心で化学ガスを使用するという史上初のテロルに人々が震撼(しんかん)したことは、いまの学生の世代でもインターネット等を通じて知っているようです。

国民の驚愕に共振するように、マスメディアはオウム真理教に関する報道一色に彩られ、その年の五月にオウム真理教への強制捜査が行われると、特集番組が組まれ、連日連夜オウム真理教の真の姿なるものが暴露されるようになります。

オウム真理教が凶悪な犯罪を行ったのは確かであり、それは厳しく指弾されるべきことです。しかし、報道の過熱にしたがい、オウム真理教だからなにを言ってもかまわない、どういう報じ方をしてもかまわないといったような風潮となり、検証されたかどうかわからない内容までが報じられるようになったのも事実です。

また、報道の自由という大義名分に寄りかかった報道姿勢は、メディアスクラムの様相も見せており、なにより連日伝えられる「オウム真理教の実態」と称したおどろおどろしい光景を報じる物腰には、オウム真理教とはなにか？　という、いたって普通の問いかけがすっぽり抜け落ちていました。というより、そうした視点を持ちえた森達也さん（註21）のようなドキュメンタリストはテレビ業界から完全に締め出されたのです。

のちに森さんはオウム真理教を描いたドキュメンタリー『A』『A2』を撮ることになるのですが、どうやってオウムという「異世界」を選び、そこに分け入っていったのかを、森さんに授業で話してもらいました。

そもそも森さんは、そうした報道姿勢に疑問を持って、カメラを回し始めたわけではまったくありません。当時フリーのディレクターとして放送局に出入りしていた彼がオウム真理教に関わり始めたのは、「なんでもいいから森ちゃん、オウム持ってきてよ」というテレビ局のプロデューサーの一言がきっかけだったといいます。

実際のところ、当時オウム真理教絡みでないと仕事がなく、オウムと名がつけば、なんであれ仕事になりうる状況でした。報道の真摯な要請というよりは、テレビ産業がそれを必要としていたのです。

「宗教あんまり好きじゃないし、オウムには大して興味はなかったし、オウムやらないことには飯を食えなかったし、かつ教祖の麻原をはじめ幹部はみんな拘置所に入っていることから、残っている現役信者を被写体にするしかないと考えて、僕なりのアプローチを試みるようになったんです」

「森さんなりのアプローチ」とは当時、オウム真理教の広報を担当していた荒木浩氏に手紙を書くことでした。のちにまとめられた映画『A』のタイトルは荒木氏の頭文字なのです。「手紙を書く」というと、あたりまえのことのように思われるかもしれません。ところが当時、オウム真理教は反社会的な集団であり、取材に関する正規の手続きなど誰も検討もしていなかったのです。そんななか、森さんは手紙を書いたのです。

森さんは「現役信者がどんな日常を送っているのか。なにを食べているのか。どんな服を着ているのか。洗濯しているのか。そういったことに僕は興味があるから、撮らせてほしい」といった内容をしたためたといいます。繰り返しますが、森さん以外にこうした手紙を書いた人はいませんでした。

映画『A』には、オウム真理教の信者たちの生活の様子、また、信者側から見た殺到するメディアのありのままの姿が映し出されています。その映像を見たとき、メディアの人間は驚き、こぞって森さんにこう問うたといいます。「なんで撮れたんだ」と。そういうぼくも、見終わった瞬間、ある種の嫉妬(しっと)の念に駆られ、森さんに雑誌でのインタビューを申し込んだのです。

日常を切り取る視座

「そういう質問をよくされるんだけど、僕は普通だったんです。周りが普通じゃなかったんですよ。だから僕がすごいんじゃなくて、周りがすごくなかったんです。そう言うと『なんでお前だけが普通でいられたんだ』という質問が来るんだけど、多分、僕は鈍いからでしょうね」

そう森さんは謙遜しますが、麻痺してしまっているのは森さんを締め出したメディア業界のほうでした。

森さんはふだんから行っていたアプローチによって、オウム真理教の内側に入り込んだ。そして、当時の普通の「マスコミ」であれば、異常な集団の証左だと大騒ぎするようなスクープ映像をものにすることができたのです。しかし、森さんはそれをすぐにテレビに公開するようなことはしませんでした。森さんは、じっと映像を撮り続け、まとまったかたちでオウム真理教に関わる人々の日常を淡々と伝えようとしたのです。

その視点は、たとえば荒木氏をこう観察していました。

「当時、彼は花柄のちゃんちゃんこをいつも着てて、そのままよくテレビの記者会見に出たりして、変だなーと僕は思ってたんだけど、誰も変だって言わない。それと彼には、まとめる能力がないというか、伝えられない人なんですよ。でも、よく見ているとわかるんだけど、必死に彼は翻訳をしようとしているんです。オウムの言語をこっちの言語に。そこでいつもうまくできなくて呆然としている感じがすごくあって、被写体としてはおもしろいと思った」

まずは被写体としてのおもしろさを荒木氏の言いよどみに、森さんは感じます。そして血眼になって目に付きやすい異常さを探しまわっても、記者会見の場にそぐわない服装をしていることにまるで気づかないメディア側とのギャップにも目がいきます。報じる側は、あらかじめ見たいものしか見ようとしていなかったから、どこの番組も横並びの内容になる。メディアの横並び意識や、取材対象のステレオタイプ化は取材者の観察眼も曇らせるものなのでしょう。

荒木氏の「花柄のちゃんちゃんこ」は、彼の生活であり、オウム真理教の日常のひとこまでした。森さんは日常の「要素」に目を向けたのです。外部から見れば特別なことでも、当事者にとっては、善くも悪くも平常でしかない。

森さんの「日常を切り取る視座」の原点は、彼がドキュメンタリー制作を始めたころに求められます。

人の営みは意外と変わらない

森さんはもともと、ドラマ、フィクションの制作を希望していたものの、生活のためノンフィクション系の番組制作会社で働き出しました。初仕事はタレントによる情報バラエティ番組の収録で、入社早々香港へ飛びました。

ところが現地のロケで、タレントがひとりでスラムの九龍城に入ってしまった。当時、九龍城は香港の法律を適用されておらず、警察官も立ち入ることができない無法地帯と言われ、魔窟（まくつ）とも呼ばれていました。事情を聞いた現地のコーディネーターは顔色を変え「命の保証はできない」とにべもありません。コーディネーターは頑として、九龍城に入りタレントを探すことを拒んだといいます。そこでしかたなく森さんたちスタッフが九龍城に入っていくことになるのです。

「でも、入ったらね、普通の生活なんですよ。ビルのなかに学校があったり保育園があったりする。もちろん貧乏なんでしょうけれど、普通の生活があった」

結局、タレントは住人の家に呼ばれてお茶を飲んでいて、森さんらもいっしょにお茶を飲んだといいます。

「そのとき思ったのは、ドキュメンタリーは普段行けないようなところに行けて、普段会えない人に会えるから刺激的だなということ。もうひとつは、これは後付けかもしれないけど、みんなが『危険』だとか『怖い』というところは、意外とそうじゃない。人間の営みは、意外と変わらない、ということです」

これまでに森さんの手がけた「小人プロレス」や「放送禁止歌」「エスパー」といった題材の傾向から、あえてタブーやマイノリティに挑んでいると思われがちですが、そうではないといいます。

「最初からタブーを狙っている気は全然ない。小人プロレスは要するに、プロレスが好きだったんですよね。でも普通のプロレスラーのドキュメンタリーじゃつまんないから小人っていいたなぁと思って、それで始めた。放送禁止にされたフォークソングもそうだし、全部好きの延長なんです。たまたまやっているうちに、『これはメディアでは普通やらない』ことがあとでわかってくる。もちろんみんながやってることと同じことやってもしょうがないし、一介のフリーランスとして、いかに差別化するかというのも意識に置いているけれど」

人が危険、タブーと思うことに興味を持つのは自然の成り行きだったが、それを「どう撮るか」という差別化については確信的だったということです。森さんの作品を見れば顕著なのですが、彼自身が実によく画像に登場して、取材対象者を挑発する質問をぶつけます。森さんのボソボソッとした語り口で、ちょっといじわるな質問が発せられます。

「映像は、表情が大事なんですよ。これはなぜかうまく説明できないですけど、人って怒りかけがいちばん素が出るんですよね。ちょっと挑発して、ムッとなったくらいがね。そういうときに質問したりすると、本音を言ったりとか。絵面もおもしろいんですよ。怒りかけで結構スリリングでもある」

かといって、そうした本質を突く質問に対する答えには、実はあまり興味がなく、「答える前の表情が物語っている場合がすごく多いですから」と、表情のほうが狙いだということを明かしてくれました。

客観中立はありえない

象徴的なのは、『A』で、荒木氏が大学の講演で学生に教養や煩悩、執着についてさまざまな質問をされた際、その質問に返答する荒木氏のシーンをカットしたことです。学生たちの質問はいわば、社会が聴きたがっている質問でもありました。しかし、森さんは、その返答シーンをあえてカットしたのです。

「当然オウムに対して聞くべきことは、サリン事件をはじめこれもあれば、あれもある。でも、そのQ&Aをやったって永久にたどり着けない。ちがう回路で考えなきゃなっていうのが、どっかにあったんですよね。答える荒木氏に興味がないってことを知ってほしいのは、『質問する自分たちを見ろ』という思いが感覚的にあったからです。だから、編集しながら答えはいらないという思いが自分のなかではありました」

社会が要求する答えというのは、往々にして納得したいがためのものであり、自分たちに理解できる程度に問題を引き下げようとする欲求でもあります。

ドキュメンタリーでありながら、撮影者、取材者自身が作品に顔を出すという、いわば自身を作品に登場させることによって、「そう問うている自分(取材者)を問う」というスタイルは、ある意味、森さんの取材に共通しています。

ドキュメンタリーといえば、客観中立が前提だと思われていますが、実際はカメラが撮影している時点で、被写体はカメラを意識します。その撮影の場はもはや客観中立ではありえません。

「僕が業界に入った二十年前からそうでしたけれど、つくり手は一切画面には出ちゃいけない。息づかいすらも出しちゃだめなんだと言われた。つくり手は気配を出さない。中立、公正、客観である。それを信じているか、あるいは信じているふりをしているかはともかく、ドキュメンタリーはそういうものだという不文律があったんです」

しかし、先にも言いましたが、映像のなかで森さんは一瞬であれ、自分の顔や自分の声が入るカットを入れている。

「実際に撮ってる誰かがいるんだよということを映像のなかでちゃんと出そうと思っています。ドキュメンタリーは、自分と被写体との関係性です。こっちを出さなかったらその座標軸がわからなくなっちゃいます」

ドキュメンタリーは客観的であるべきだ。起きているありのままの事実を撮るべきだという考えがあります。それからすれば、森さんの作品はつくり手の姿が映り込み声も入るなど、セオリーを無視した邪道であるという人も少なくありません。

しかし、そこでいう客観性とは、単につくり手の気配を消しているだけであって、カメラを構えている時点で偏りは生まれていることに無自覚だということも言えるのです。なにを映すかは、「なにを映していないか」でもある。そこにはいやおうなく、取材者の意図や価値、視座があるのです。一見、中立な映像は、自分の姿を巧妙に映さないことでただそう見えているだけとも言えるのだと思います。

なにかを撮る(取材をする)ということは、なにかを撮らないことである以上、事物に対して等距離ではありえないし、公平でもありえません。そもそも偏り自体に善悪はないとぼくは考えています。重要なのは「偏り」に自覚的であるかどうかなのです。自分が対象をどう見ているかという「偏り」を相対化できているか。「自分の見方」を見ているかどうかです。それが事物を撮るにあたっての公正な原理をもたらすことにつながっていくのだと思います。これは映像に限らず、活字のノンフィクション取材についてもまったく同様のことが言えると、ぼくは思っています。

世界はもっと豊かだし、人はもっと優しい

取材対象者を一方的に撮るのではなく、取材者と被取材者の関係性をあえて映すというルールが森さんにはあります。オウム真理教を扱った二作目である『A2』にもなれば、当然顔見知りの信者も

現れる。彼らとの馴れも生まれています。

「撮る前は、馴れ合いに見えちゃうとまずいのかなというのはあったんですけど、それは隠せないし、編集で削ったからといって雰囲気は出ちゃいますからね。パート2になったらそれはもう関係性が変わるし、それはあたりまえ。馴れ合ったら馴れ合っている関係性を出せばいいわけです」

ルールはあるが、どう撮るかは関係性によって流動的になる。撮る者と撮られる者の関係に定点観測はありえません。森さんの対象に迫る視点は、定点の固定した観測ではなく、相手が動けば自分も動くというもの。現状のメディアの状況は、見通しのよい、溜飲の下がる、口当たりよく納得のできる単純なストーリーを求めがちだけど、善いか悪いか、正しいか誤りか、立場を変えればそれはすぐに揺れたり、反転したりするものであることに自覚的でないことは問題です。

森さんは、なにかに賛成か反対か、あれかこれかといった決定的なことを断言しないといいます。

「決めるのが嫌なんですよ。もちろん決めなきゃいけない場合もあるんだけれど、決めなくてもいいことがどんどん決まっていくのが嫌なんですよ。いまの日本って、ほんとうはわからないことがわかるような感じになってしまったりとか。あるいは二項対立でとらえて、『こっちだ』というふうに決めている。対立の『間』がほんとうはあるんだよね。この『間』が大事なのに、その間をどんどん切っていっちゃってる」

だからそれに「対抗したい」といいますが、それは勇ましい抵抗ではなく、「優柔不断で、ウジウジし、決めなくたって別にやっていけるよ」という森さん一流の姿勢をとっています。こうしたスタンスは、テレビの仕事を始めたころの、九龍城でも味わった「人間の営みなんてそう変わらない」という信頼に根ざしている気がぼくはしました。

「北朝鮮の工作員もアルカイダも、みんな泣いたり笑ったり怒ったり、初恋して失恋してヤケ酒飲んだりする。文化も皮膚の色も言語もいろいろちがうけど、体温ってみんないっしょなんですよ。だからもう中身はそんなに変わらないいんですよ」

「世界はもっと豊かだし、人はもっと優しい」という森さんの著作のタイトルにもなった思いは、常に彼の取材姿勢に底流しているのです。そのことは学生にも伝わったはずだと思っています。

註21　森達也さん　一九五六年生まれ。ドキュメンタリー映画監督。代表作に『A』、『A2』などがある。『下山事件』（新潮社）、『いのちの食べかた』（理論社）など著作も多い。藤井とも『死刑のある国ニッポン』（河出文庫）という対談本がある。

6時間目
パターン認識で相手との共通項をさがす

なにを読み、どんな音楽を聴いているか

「できるだけ短い時間で、相手がどういう人間であるかをつかんで適切な対処をするんです」

そうインタビューの目的を明確に打ち出すのは、社会学者の宮台真司さん(註22)です。いわゆる「ブルセラ論争」で一躍注目を集め、以降は、性の問題から政治思想、天皇制、映画、漫画評まで、あらゆるメディアで旺盛に発言し続けているぼくの兄貴分です。社会学という学問は「取材」なしには成立しにくく、宮台さんは、これまでに多くの取材を積み重ねています。そこで宮台さん流の取材術を話してもらおうと授業に来てもらいました。

宮台さんといえば、そのクリアカットな分析に定評がありますが、その背景にはパターン認識があ

るといいます。

「普通、パターン化というと、情報の質が落ちるように思われていますパターン認識は貧しさの裏返しだというふうに思うでしょう？　でも、それはパターン化の能力がないからなんです」

実際、パターン化と聞くと、起きた出来事をカテゴリーに自動的に振り分けていくような、単線で平面的なイメージがありますが、彼のいう「パターン化」について説明してもらいます。

「パターン化とは単に平面的に箱を用意しているだけじゃなくて、実は四象限、あるいは十六象限というふうに、いろんな軸にしたがって整理していくものの見方です。複雑な事象にそのつど補助線をうまく引き、物事を評価するための物差しを絶えずいろんなかたちであてがうことができます。パターン認識の能力のない人間に比べると、おそらく体験できる情報量は数百倍以上になると思います」

複雑な事象に補助線をあてがうには、視座となる観点が必要ですが、宮台さんは机上だけでそれを得たのではなく、街に出て、そこからいろんな情報を得ることで培ってきたといいます。

「一九八〇年代半ばからマーケットリサーチ会社で仕事をして、化粧品や車、避妊具といったいろんな商品のリサーチをやりました。簡単に言えば、商品をどういうターゲットに、どうアピールしていけばいいのかという戦略を立てるための調査をするわけです。場合によっては、商品企画の段階で、どういうターゲットにどんな企画を投げると当たるでしょうかということを、リサーチしてレポートを作成していました」

その時代はバブル経済を迎えようとしており、かつてのように「いいもの、欲しいものを買う」という単純な構図が市場で成り立たなくなっていました。「他人が欲望するものを欲望する」といった消費の動機では、いいものを市場に提供したからといって必ずしも欲望されるとは限りません。

宮台さんがそうした経済状況のなか、マーケティングリサーチを行うことで学んだのは、グループインタビューの手法だったといいます。グループインタビューとは当事者やその関係者、初対面の人間を四〜五人集め、インタビューしていくものです。グループは、たとえば全員女子大生とか、何歳から何歳までの主婦といった属性を同じくする人で構成されます。

「そこで重要なのは、『商品をどう思いますか?』という質問への答えであるよりも、どういう生活をしていて、何が辛(つら)くて、なにが楽しくて、あるいはどういう人間関係のつくり方をしているかになります。そのなかで商品を買ったり、使ったりすることがどう織り込まれているかを知るわけです。人それぞれに行為のシリーズがあり、その行為のシリーズのなかにうまく商品がはまれば、それは売れます。どういう行為のシリーズがあるかを調べ、どういうタイプの人間が、商品とマッチングがいいのかを調べていくわけです」

「行為のシリーズ」とは、衣食住のなかで人の志向するものやその選択したもの同士の関連性のことだといえます。ここでいうシリーズとは、パターンのことでもあります。

また、宮台さんは初対面の相手に対して必ず聞くことがあるといいます。それは「なにを読んでいるか、どんな音楽を聴いているか」といった嗜好性を尋ねることです。本や音楽がパターンにあてがうひとつの補助線とすれば、その質問によってどういう青春時代を送ったか、本流にいたか傍流にいたかといったことを頭のなかでおそらく瞬時に分類しているのでしょう。

こうした初めての接触でのパターン把握のための問いかけは、ちょっとびっくりする話ですが、宮台さんに言わせると女性をナンパする行為のなかでそのスキルを磨いたのだそうです。

短時間で、相手の人となりをつかみ対処をする。そこで話がおもしろければ、相手は自分に興味を持つ。つまりパターン把握によるメリットは、相手の警戒心を解く話運びをもたらし、コミュニケーションを円滑に行わせることにもあります。

しかしながら、たかがナンパであっても、宮台さんの場合は、さながら研究調査の場でもあったようです。

「そんなことも知ってるの?」と思わせる

「いままでやらなかったことに人が踏み出せるかどうかには、主にふたつのファクターがあります。ひとつは道徳的な縛りが強いか。まず、それを早い段階で見極める必要があります。次に道徳的な縛りがあったとしても、それをブレイクスルーできるのは内圧です。その人が抑鬱的な状況にあるかどうか。また、抑鬱がどのくらい強い状況かを判断することが非常に重要です。その抑鬱にもさまざまなタイプがあり、家族に対する不満や恋人に対する不満などがあります」

コミュニケーションで、外面の装いではない内心の声を聞くには、短時間のうちに信頼とまではいわなくとも、親和性を相手に感じさせることが欠かせません。

文化的なバックボーンや趣味、嗜好性を知れば、相手に合わせてどんどん自由自在に話題を変化させていくことが可能です。そうなると相手の属性や生活背景、あるいはその人の抱えている問題や人格もわかってきます。

そこでは聞き手の情報量に基づく〝親しみやすさ〟が重要な鍵となります。

「相手の警戒心を解くためには、『こんなことを話せるとは思わなかった』というような話題を早い段階から提示することが重要になります。取材者には、親密感情をつくって、それをプラットフォームにして取材を進めていくタイプと、それを嫌うタイプと二通りあります。僕は親密感情をつくり、警戒心を解いた状態で、かなり踏み込んだ質問をしていくやり方をします」

自分が大事にしていることや自分しか知らないと思っていたことに理解を示すだけでなく、「こういう情報もある」とちがうものを見せることで、さらに早い段階で共感を得られるといいます。

「相手と同じくらいの知識を持っているかどうかはわからないにせよ、どういうことであれ相手に、おっ？　と思わせることが大事です。そんなことも知ってるの？　と思わせることが非常に重要なんです」

このようにして相手がどういう情報と接触しているか察知するためのひとつひとつの質問が補助線として機能し、それらが交差して多元的な象限を形づくっていくわけですが、それを把握していくと、相手に親しみやすさを感じさせる対話ができるようになるのです。こうした考えはインタビューでも、非常に有効な手法となるでしょう。

センシティブなことを聴く技術

ところで宮台さんは一九八〇年代半ばからのマーケットリサーチに勤(いそ)しむなかで「人格類型五分類」を独自に編み出します。これは新興宗教や自己啓発セミナーに出入りし、そのトレーナーとクライアントたちとの間のコミュニケーションを観察して得たベースに数理的論理を持ち込むことでつくり上げたといいます。

「数少ない質問にイエス・ノーで答えることによって、五類型のどの人格に入るのか分類できるまで洗練しました。実はこれがインタビューに使うプラットフォームとして非常に役立ちました」

質問とは、「自分に自信があるかどうか」「流行に敏感かどうか」「物を深く考えるほうか」「人の上に立ちたいかどうか」「友だちがたくさんいることはいいことか」といった抽象的な質問だといいます。しかし、これらはどれも自己評価に関わる決定的な内容でもあります。たとえば「流行に敏感か?」にイエスで答える人間は、「非常に情報にあおられやすい」といいます。また「流行に敏感だけど自分に自信がない」にイエスという人間だと、流行に敏感だと思う人についていこうとする傾向にあるといいます。

「流行に敏感だけど自分に自信がないって答える人は、いちばんあおられやすい。ナンパだとターゲットになるわけですが」

と宮台さんは学生たちを前に笑いました。

こうした手法でマーケティングを行うなかで、性的なコミュニケーションの最前線を知ったことが、「援助交際」を取材するきっかけとなったといいます。性的な問題のようにセンシティブなことがらに対する取材では、相手を傷つけまいと気遣いすぎて、遠回しの質問の繰り返しになるか、「そういうことはよくない」という説教を行ってしまうパターンが少なくありません。しかし被取材者からすると「結局、なにが聞きたかったのかわからない」というような、薄い取材に終わってしまうことが少なくありません。

相手にとってもセンシティブかつネガティブなことを聴く技術について、宮台さんは価値観に基づく説教よりも、事実的な問題を指摘するべきだといいます。

「たとえば、女の子が売春していたとして、『こういう理由で安全だと思うから』と自分で合理化しているわけです。でも、僕は彼女たちより何百倍も情報を持っているので、行為自体の善悪ではなく、間違った認識に基づいて凄く危険なことをしていることを指摘し、アドバイスします。

センシティブな問題であればあるほど、別にぶっきらぼうにする必要はないんだけども、ニュートラルに振る舞う必要があります。ニュートラルに振る舞えば、偏見を持ちにくい人間だと信頼してもらうのは簡単だと思います。そういうふうに信頼してもらえれば、そこから先は非常にスムースにいく。腫れ物に触るような取材をするんだったら、しないほうがいいと思います」

つまり、インタビューは、自分にとっての善悪是非を明確にすることが目的ではなく、あくまでコミュニケーションによって話を聴き出すことが目的なのです。だから、善悪のジャッジを棚上げして、事実を指摘するにとどめておくことが大事なのだと宮台さんはいいたいわけです。

「ニュートラル」を間違えてはいけない

ただし、これも経験上言えることですが、質問することがらについて相手から先に「どう考えているか?」という善悪是非を聴かれることがままあります。宮台さんが指摘するようにセンシティブな問題であればあるほどそういうことがありえます。

ここで挙げられている「援助交際」とはまた次元が異なりますが、ぼくの経験ですと「死刑」や「臓器移植」などについて、とりわけ、その問題に「当事者」としてコミットしている人に取材をするケースがその範疇（はんちゅう）に入ると思います。相手にとってインタビュアーと一定の認識の共有ができていないと取材に応じてもらえないこともあるのです。つまり、自分と逆の考えを持った人間に協力することはないと判断されてしまうこともある。あるいは、「先にあなたの意見をうかがいたい」と先制される場合。こういうときがほんとうに難しい。

ニュートラルに振る舞うということを、単純にとらえてはいけないのです。「自分はどっちでもありません」とか、「わかりません。ですからお聞きしたいんです」と弁明がましくいうことはニュートラルではありません。

取材には必ず「準備」をしているはずですから、思考の深度は別にして、その時点での善悪是非は持っているはずで、それを隠すことは決してニュートラルではありません。自分はこういう知識を持っていて（あるいは持っていなくて）、いまはこう悩んでいると誠実に伝えることがコミュニケーションを目的とするうえでほんとうにニュートラルな姿勢なのかもしれない。宮台さんの話を聴きながら、ぼくは考えました。

註22　宮台真司さん　一九五八年生まれ。首都大学東京教授。「ブルセラ社会学者」として注目され、その後は、政治思想、教育問題などにも発言の幅を広げている。著作も多数あり、近著『日本の難点』（幻冬舎）は大ベストセラーになっている。藤井との共著本も数冊ある。

7時間目

「出会う」プロセスも大切

どの入り口から、どう分け入っていくか

二〇〇一年三月に四十五歳の若さで急逝したノンフィクション作家・井田真木子さんの絶筆となった、『かくしてバンドは鳴りやまず』（リトル・モア）に収められている、編集者との一問一答のなかに次のようなくだりがあります。彼女が一九九四年に発表した単行本『同性愛者たち』（文藝春秋）の取材に着手したときの、エピソードについて語られたものです。

「――そもそも何年もかけて取材をし、その結果、一冊の本になるような被取材者を見つけ出すことはたいへんなことだと思います。最初の時点では、当然ながらこのあと何が起こるのかわからないわけですから。

「偶然見てしまうんですよ。偶然でなければ、じつは成功しないんじゃないかと思います。見ようと思って見たものに関しては、相手もこちらの目もどこかで止まってしまいます。

たとえば『同性愛者たち』のアカー（動くゲイとレズビアンの会）の場合には、他の取材者の方もいらしてましたが、私は比較的長くおつきあいをしていただいたほうだと思います。不遜を承知で分析すると、他の取材者の方たちは正面玄関から入られたんですね。つまり、市民運動として捉えよう、あるいは人権の問題として捉えようというふうに思われた方が多かったので、広報担当者に接触なさった。比べて、私は彼らを運動論として捉えたのではありませんでした。なんだか訳のわからない事象だと思ったので、とにかく電話をかけて、事務所に出かけていった。」

井田さんは百円寿司の折り詰めを手土産に、アカーの事務所のドアを開けます。すると、たまたま部屋の蛍光灯が切れかかっていて、チカチカ点滅している。井田さんは手土産をそのあたりに置くと、挨拶もしないうちからいきなりデスクの上に上がり、その蛍光灯を外したのです。見も知らぬ来訪者に蛍光灯を交換してもらったアカーのスタッフたちは、きっとびっくりしたにちがいありませんが、それが井田さんと『同性愛者たち』の主人公になる青年との、ファーストコンタクトだったのです。

井田さんはこう続けます。

「そのあと、それこそ目でじっと追ったんです。人の顔をひとりひとり追っていって、あ、この人！と思ったのが新美広さんという青年です。いうなれば、正面玄関から入ったのではなくて、裏口からません。」

押し入って被取材者をはがいじめにしたような状態ですよね。これまで書いた本は、なぜかいつもそんな感じです。べつに作戦としてやってるわけじゃないんですが。やはり、変則的なやり方かもしれません。」

ノンフィクションを書こうとするとき、ぼくも取材対象者とのファーストコンタクトの仕方が重要だと思っていますから、ノンフィクションライターの先達の一人である、井田さんのこの言葉には深い共感を覚えます。

取材しようとする人や事象に対して、どこの入り口から、どんなふうに分け入っていくか。それがゆくゆくは書き手の立ち位置を決め、取材対象といかなる距離をとればいいのかを決定していく手がかりとなり、被取材者との関係をつくり上げていく大事な礎となると思うからです。その出会い方から、関係が深まっていく過程や次第を描くことが、作品全体の背骨にもなりうることだってあるのです。

ぼくがこれまで書いてきたノンフィクションには、「広報」のような窓口があるような対象は皆無に等しく、井田さんと同じく、通常のマスメディアが接触するような方法では接近してきませんでした。大半のマスコミが正面から単刀直入に、なおかつ、どんなふうに報道するかという一定の枠組みをあらかじめ決めたうえでアプローチするのを横目で見ながら、迂遠な方法で接近し、その後、長い時間をかけて「書く」という一点に向けて、互いの意思を集約していく作業を続けてきました。

取材が進むにしたがって、書かれる側の、自分がどう書かれるのかという不安と期待はだんだんと高まってきますから、書き手との関係に張りつめたような緊張感が生まれます。書き手はそれに押しつぶされそうになりながらも、全身でそれを受け止めるしかありません。

本村洋さんとのファーストコンタクト

先にも紹介しましたが、拙著『少年に奪われた人生』と『殺された側の論理』で描いた、妻と十一ヵ月の娘を十八歳の少年に惨殺された本村洋さんに出会ったのは、事件から数ヵ月が経ったころでした。事件直後から、本村さんはテレビニュースなどにあえて顔をさらし、加害少年のみならず被害者である妻と娘についてまでも実名報道を望み、少年法や刑事裁判がいかに被害者にとって理不尽なものであるかなどを訴えてきました。憔悴(しょうすい)しきった表情で妻と娘の遺影を抱いて裁判所に入っていく本村さんを、テレビを通じて記憶している人も多いでしょう。一九九九年の事件当時、まだ二十代前半の青年だった彼は、たった一人で、加害少年や刑事司法、そしてマスコミと闘っていたのです。獅子奮迅とはこのことだと強烈に思ったのを覚えています。

当然のことながら、彼のもとにはマスコミが殺到していました。彼は、ひっきりなしにやってくるマスコミにできる限り丁寧に対応していました。そこでぼくは、その一員になるのはやめようと思ったのです。家族を殺された遺族の胸中に、土足で上がり込むような気がしたからです。

ぼくはまず本村さんをよく知る、やはり少年によって息子を奪われた女性に連絡をとってもらい、本村さんと電子メールでやりとりを始めました。何往復もしたのち、ぼくがそろそろお目にかかりたい旨を伝えると、「かんべんしてください」と書かれたメールが送られてきました。自分の拙速を恥じながら、その後も、できる限りの誠意をもってメール交換をさせていただきました。

公判で愛する妻と娘を殺した少年を目の当たりにし、検事や弁護士の口から、殺害状況が明らかにされる状況にさらされているのです。取材を受ける気力などわいてこないのは、あたりまえです。強靭(きょうじん)な精神力で気丈に立ち振る舞う反面、やり場のない怒りと絶望感と独りで闘っている本村さんの姿がメールから透けていました。

しばらく待ち続けていると、本人からメールが来て、お会いできるようになりました。

当時のことを、本村さんと評論家の宮崎哲弥さんとぼくの三人で語り合ってつくった『罪と罰』のあとがきで、次のように触れてくれています。

［事件直後の、この事件がまだ有名になる前に、（藤井は）私の住む会社の独身寮に来られて名刺だけ置いて帰られました。名刺には「いつか心が落ち着かれ、お話しできる機会があればと思います」というような文章が書かれていました。］（『罪と罰』イースト・プレス）

結局、一審判決のあとから、ぼくは頻繁に彼に会い続けることになります。光市の自宅アパートでお会いすることもあったし、二審が開かれる広島高裁に向かう彼が運転する車に同乗させていただいたこともあります。二審判決の日、テレビ番組に出演するために広島から東京に飛行機で向かう本村さんに同道し、テレビ局のスタジオの片隅にまで居させてもらうこともありました。時間と場を少しでも共有したいと思い、本村さんに無理をお願いしました。

事件後、本村さんは犯罪被害者遺族の会の立ち上げに関わり、以後は幹事として活動を行っています。ぼくは自然とその会に集まるさまざまな遺族や被害当事者の方々とも知り合いになり、会の活動をボランティアでお手伝いするようにもなりました。シンポジウムの司会や記録係など、ノンフィクションを書くという行為を超えて、ぼくは積極的に「巻きこまれていった」のです。ぼくはたいして役に立っていないことは十分に自覚しているつもりでしたが、時間をともにすることが本村さんとの関係を醸成していくうえで重要なファクターになったのだと思います。

のちに彼はそれまでどのメディアでも明かさなかった、妻と娘のあとを追って自殺しようとした事実を語ってくれました。殺到した手記の出版の求めに応じず、当時、雑誌等にまとまった枚数のノンフィクションとして書かせていただいたのはぼくだけでした。そして前出の週刊誌『アエラ』の取材では、さらに彼の子ども期のことを赤裸々に語ってくれることになります。

他者との関係を構築することが必須条件

一冊なり、まとまった原稿量なりのノンフィクションを書くにはむろん、構想・企画（リサーチ）・取材・執筆・発表という順番を踏まなければならないわけですが、ここまで読んでくださった方は、ノンフィクションを書くためのセオリーはとくにないことがおわかりいただけたと思います。井田真木子さんも「作戦としてやっているわけじゃない」と言っておられるように、誰もが真似できるように方法論化するにはそぐわないのです。

ただ言えることは、ノンフィクションは小説や詩などとちがって、構想や企画が立派でも、表現力や文章がいくら上手でも、事実を切り取ってくる取材が成功しなければ、一文字たりとも書くことができないということです。

それも、誰もが正面玄関から入ればとってこられるような公式発表的な情報や、図書館やインターネットで調べられる程度の事実では、他人に読んでもらえるような(プロの場合はカネを払ってもらって)ノンフィクションを書くことはできません。

足で書く、とはよく言われることですが、自分の勘と嗅覚を頼りに状況に分け入り、見も知らぬ他者との関係をゼロから構築していくような作業を経ることが、ノンフィクションを書くための必須条件だとぼくは思っています。井田さんやぼくのやり方は、その一例にすぎません。

言い方をかえれば、ノンフィクションライターに求められているのはさまざまなコミュニケーション能力なのかもしれません。濃密な関係をつくり出す能力、それが壊れたときに修復する能力、それを持続させる能力、そしてそれによって己を鍛えることができる能力。仮に取材対象を批判するためや、喧嘩をするための取材であっても、相手から本音を聴き出し、あとあと裁判沙汰になっても敗訴をしないような事実の裏づけをとるためには同様の能力が必要なのです。

相手に対して「私」を見せろ

さらに、事実はこちらが期待するような展開にはなってくれないことがままあります。だからといって、それをねじ曲げるようなことは許されません。取材に着手した時点から、書こうとしている対象の「かたち」は次から次へと変化し、予期しなかった事実が立ちあらわれます。

むろん、ある程度の予見や仮説を持ってのぞむのは当然ですが、その後の展開によって、それを柔軟に検証、修正していくのをためらってはいけません。「わからない」部分を、筆者の想像力でどこまで補完していいものかは議論があるところですが、むしろ、その事実の展開に振り回されることを楽しむことができるような感性がノンフィクションを書くためには必要なのだと思います。

ぼくの名刺には「ノンフィクションライター」と書いてありますが、この名刺をつくるためには、とくに誰の許可もいりません。肩書に「朝日新聞社会部」と刷り込んだらそれは詐欺ですが、フリーランスにとっては自分がそう名乗ると決めた日から、肩書はノンフィクションライターなのです。初心者でもベテランでも、作品があろうとなかろうと、プロであろうがノンプロであろうが、みなライターに「なれて」しまう。

けれど、その名刺一枚があっても、取材にはほとんど意味がありません。名刺を差し出された被取材者にとっては、「ああ、この人は自分を取材したがっているのだな」とわかる程度にすぎません。取材を申し込んでいる「私」とはどんな人間であり、どうして「あなた」を書こうとするのかを伝えなければなりません。相手がその説得に納得してはじめて取材の端緒をつかんだことになるのです。その説明や説得には何時間かかかることもあれば、何ヵ月にもわたることがあります。それが第一の関門なのです。

そのときから、取材者は取材される側に試されています。問う側もまた問われているのです。書きたい動機を雄弁に語る必要はありませんが、相手に対して「私」を見せることができなければ、信頼関係を築いていくことはとても難しい。つまり、ノンフィクションを書こうとする前の、自問自答から始めるべきなのかもしれません。

いったい自分はどうしてこれを書こうとしているのだろうか、と。

※七時間目の文章は、アエラムック『日本語文章がわかる。』(朝日新聞出版、二〇〇二年)を改稿したものです。

8時間目 「場」と「空白」を味方にする

「場」が引き出した言葉

ぼくは、喫茶店やホテルのラウンジでのインタビューが苦手です。相対していることが不得手なのもありますが、相手の「ホームグラウンド」であったり、心休まる場所であったり、思い入れのある場所であったり、相手の心を喚起する場所であったりといったところを好みます。ホテルの喫茶店でじっとしていては「場」から影響を受けた生の言葉を相手から引き出せないと思うからです。そのため、ぼくは場所を移動しながら話を聴くことが多くあります。

たとえば、五時間目でご紹介した森達也さんを取材したときのことです。

世田谷の千歳烏山のマンションにあるオウム真理教の本部を二人で訪ねたときでした。オウム真理教を糾弾する垂れ幕がさがる住宅街を抜けた先にあるマンションの前庭には、朽ちた列車のコンテナ数台が無造作に放置され、その脇にはパワーショベルが置いてあるといった殺伐とした風景が広がっていました。森さんがその施設を見ていたら、ひょっこり荒木浩広報部長がやってきたのです。約束していたわけではありません。

そこで荒木さんはこう切り出しました。

「今日初めて申し上げますが、九八年終わりから九九年にかけて、地域で(排斥)問題が起こったときに、なんで森さん来てくれないいんだ? と正直思っていました。こちらから言うことじゃないですけど……」

この二人の間でなされた会話は、ぼくが質問をしたわけではありません。明らかにその「場」が荒木さんと森さんの言葉を引き出したのであって、ぼくが個別に取材をしても引き出せたかどうかは自信がありません。場の持つちからは常にそういうものだと思います。

また『ナビィの恋』などの作品を撮られている映画監督の中江裕司さんを取材したときも「場」に助けられたことがあります。

中江さんは現在、沖縄の那覇にある桜坂劇場の代表もされているのですが、桜坂劇場のある牧志という町には有名な桜の樹があって、通称「桜坂」と呼ばれています。

桜の樹は劇場脇のなんの変哲もない駐車場にいまもあり、なおかつ周辺は再開発の真っ最中でした。中江さんとぼくがその場を訪れたとき、中江さんは突然走り出して、辺りをブルドーザーで整地している作業員に「あの桜の意味を知っていますか？」と尋ね始めたのです。ぼくはあわてて中江さんのあとを追いかけ、ブルドーザーの轟音のなかで会話を聴き取りました。桜の樹とその場とが、中江さんの言葉を引き出したといえます。

ここでのシーンをぼくはこう記録しています。

［桜坂劇場の周囲はいま、急ピッチで再開発工事が進んでいる。建物こそ壊されていないが、売却済みの土地も多い。劇場の隣の土地でも整地作業が進んでおり、その片隅に一株だけ枝振りのさびしい桜の樹が残されている。すぐ脇ではブルドーザーがうなりをあげて地ならしの最中だった。

ふいに中江がブルドーザーに駆け寄り、作業員たちに話しかけた。「この桜の樹は最後の一本だって知ってますか？　これを伐ったら、戦後の歴史が変わってしまうんですよ」。工事の轟音に中江の声がかき消されそうになる。すると、ブルドーザーを操っていた年配の男性が「いつも手を合わせてから、工事をしているよ」と答えた。中江はホッとした顔をして、「ありがとう」と相手に笑いかけた。

劇場の前に二十代のスタッフたちがいた。ウチナンチューの若者たちだ。中江が「教育委員会はあの桜を残す方向らしいよ」と水を向けると、「公園に移す話もあるみたいですよ」と人ごとのように一人のスタッフが答えた。中江はちょっと苛立った顔をした。

「でも、それじゃあ、意味ないだろ？　その桜がそこにあった意味がある。人間の都合でなんでも移しちゃだめなんだよ」

この自身の「価値観」について中江は「年配のウチナンチューとほとんど差がないと思う」と自己

評価する。「移植すればいいじゃないかというのはヤマト的な考え方。ぼくはウチナンチューじゃないけれど、沖縄に住んでいる先輩として言ったつもり」」（『アエラ』二〇〇八年六月三十日号）

桜の樹に駆け寄った中江さんについていって作業員との会話を覚え、そのまますぐ横の桜坂劇場のほうへいっしょに移動するとスタッフの若者たちと遭遇したのです。そこで中江さんは必ず若手スタッフに桜の話をふるとぼくは思っていましたが、果たしてそのとおりになり、会話も聴き逃しませんでした。「沖縄の年配者の価値観」についての話は、席を変えたときにぼくが、「なぜ桜の話をスタッフにしたんですか？」という質問をした際に出てきた言葉です。沖縄に住んで三十年近い中江さんと「沖縄」の距離をあらわしているエピソードをもらうことができたと、ぼくは内心ほくそ笑みました。

「場」が言葉を引き出すのだと。

そのためにも空間を移動しなければなりませんが、ただやみくもに移動しても意味はありません。やはり事前に相手にゆかりのある場所を聴き出しておくことが前提です。そうした場をいっしょに歩きながら、体を動かしながら話すことで、場が語りかけてくるような時がおとずれるのです。歩いていれば、そのつど景色は変わっていきます。相手と取材者は同じものを見てはいるが、感じることはちがうのです。「鳥が飛んでいますね」でも「天気が悪いですね」でも不意におとずれる言葉がその人の感慨を誘うこともあります。その人の通っていた学校とか住んでいた土地とか、記憶の塗り込まれた場所に行くと必ず言葉は出てきます。

一歩間違えるとセンチメンタルな言葉になってしまうにしても、ゆかりのある場所に行くのは、その人の記憶を活性化させるうえでも大事なことです。

録音はするにこしたことはない

インタビューは録音できれば、それにこしたことはないと思っています。相手が堰(せき)を切ったように言葉をあふれさせるとき、それを聴き取ってメモをとらなければならないのは多くのものを失う可能性があるからです。

それは相手の表情であり、吐息の長さであり、視線の方向であり、言葉にもならぬ「うう」とか「ぐっ」というようなうめき声のような人間が発する「音」のようなものでもあります。相手の語りに全神経を集中させるためです。

相手が吐き出すたばこの煙が目にしみても、じっと相手を観察する。むろん睨み付けているわけじゃなく、相手の身体が発する「気」さえも、こちらの五感すべてをひらいて感じ取りたいとぼくは思うのです。

相手が途中で悔しそうな顔つきであふれる涙を堪(こら)えながら泣きだしたとします。それをノートに「すすり泣きだす」と書きつけたとき、その場の関係性を壊してしまっている可能性が高い。あとから思い出して、あるいは録音を聞き直して、そこをどのように文字で表現したら伝わるか考えるのです。

しかし、録音機はおろか筆記具さえ持っていかない流儀の方もいます。

［私は取材に筆記用具さえもっていかぬが、それ故、取材と称して真っ先に沖縄の図書館に駆け込むような愚鈍ではない。そこにしかない情報は大切だが、先にやるべきことがある。たとえ過去の沖縄を描くにしろ、必須であるのは当時の資料よりも現在の沖縄の負のエネルギーとでもいうべきものだ。私が描きたいのは善悪ではなく人々の放つ気であり、その土地の空気なのだ。情報というものは汎用性を獲得してこそ情報として成り立つがゆえに、わざわざ沖縄にまで出かけなくても沖縄の情報は入手できる。情報はデータに過ぎず、場合によっては他人の意見に過ぎないという単純なことなのだが。］（花村萬月『沖縄を撃つ！』集英社新書）

これは、ある意味で本質です。

記録することを優先させすぎて、あるいは記録機器に頼りすぎて、自身の感性を鋭敏にしないなら意味がありません。録音機械に頼りすぎると集中力がなくなるという見方もできます。レコーダーに頼って「あとで聞けばいいや」と思っていると、注意力が落ちるかもしれません。

また、記者会見場でときおり思うことがあります。テレビのカメラマンやビデオジャーナリストが、被写体の表情を撮っていますが、手もとや足下はほとんど撮りません。会見を行う人の神妙な表情を盛んに撮りはしても、その足の貧乏ゆすりの激しさとか、手の震え（ふる）までは撮らないし、気づかない人も多いのではないでしょうか。うがった見方ですが、「機械がすべてを記録しておいてくれる」という安心感が注意力の減退につながっている可能性もあります。

ただ、インタビューの際いつも思うのは、レコーダーを出す行為はなんと不自然で不粋なのだろうということです。せっかく自然に話し始めたにもかかわらず、そこでレコーダーを出して「録音してもいいですか?」と確認しては、そのことを相手に意識させてしまうし、興ざめにさせかねません。

それはノートとペンでさえそうです。ぼくは小心者なのでいちおう紙とペン類は携帯していますが、取り出さないこともあります。ここでノートとペン(あるいは録音機器)を取り出してメモをしたら場がぶち壊しになると判断したときです。そういうときは、たとえば酒場にいたらコースターの裏に何気なく書きつけたり、途中で席をたってトイレで書きつけたりします。

何人もの作家の方から「録音したり、メモしなきゃ忘れることなんてあまりたいしたことじゃないよ」と言われたことがあります。先に引用した花村さんの感覚です。作家とノンフィクションライターはちがうと言われてしまえばそれまでですが、どちらの方法がいいというのではなく、使い分けていけばいいと思っています。産地偽装や残り物の使い回しで廃業になった大阪の「船場吉兆」の女将(おかみ)が記者会見で、隣に座る息子にひそひそ声で「アタマがまっしろになって(と言いなさい)」と囁(ささや)いているのをマイクが逃さなかったという例もありますから。

「完全オフレコ」以外は書く

では、録音や録画は許可された取材のとき、レコーダーをまわしているとき以外は、取材もオフになっているものだと取材相手は思うでしょうか。つまりオンのときには「取材用」に言葉を選んでしゃべるようにつとめるのだけれど、オフのときはそれをとっぱらってしまうのでしょうか。そしてそうだとしたら、オフのときに聴いた言葉や見たしぐさなどを取材者は表現してもいいのでしょうか。

芸能人やミュージシャン、スポーツ選手は自分のイメージにこだわりますから、オンとオフの使い分けをしている人が多いですし、自分と相性のいい「お付き」(というと聞こえがあまりよくないけれど)の取材者を決めていることが多くあります。両者の間には暗黙の信頼関係がありますから、ここからは取材、ここからはオフレコというようなオンとオフの境目を厳密に取り決めず、たいがいは書いていいこと、書いてはいけないこと(書かれては困ること)を取材者は自主的に判断をするのです。

この判断のことで、ある大物ミュージシャンとあるライターの行きちがいがトラブルに発展し、ファンクラブにそのやりとりの過程までが公開されたことがあります。ライターもベテランで、音楽ジャーナリズム業界では知られた存在でした。

そのミュージシャンが、信頼している音楽ライターからインタビューを受け、インタビューを切り上げたあとにしゃべったことを「書かれてしまった」と問題にしたのです。ミュージシャンの言い分は、オフの時間にしゃべったことを書かれてはなにを信用していいのかわからない、というものでした。オフを「空白」と言いかえるならば、空白にこそ取材者が書きたいと思う本音などが垣間見えることが多々あるわけです。ですから、ぼくは書いた側の気持ちもわかります。

結論を言うと、ぼくはレコーダーがオンであろうがオフであろうが、明確に「これは完全なオフレコだ。書いてほしくない」と取材される側が断らなければ書いてもいいと思っています。いや書くべきなのです。空白という「間」を使った取材なのですから。

「空白」を巧みに使ったインタビュー

沢木耕太郎さんが『Ｓｗｉｔｃｈ』に連載していた「高層建築」という思索日記のようなノンフィクションに、ベン・ジョンソンへのインタビューについてのさまざまな逡巡（しゅんじゅん）を書いているのですが、巧みに「空白」を使ったインタビューをしていることが読み取れます。

ベン・ジョンソンは、一九八四年にロサンゼルス五輪に出場、カール・ルイスが優勝した百メートルと四百メートルリレーで銅メダルを獲得、一九八八年のソウル五輪ではカール・ルイスに打ち勝って世界最速の男になりました。ところが直後のドーピング検査で陽性と判断をされ、世界中のメディアの集中砲火を浴びることになります。

その状況下、再起をかけるベンに、沢木さんがインタビューをします。場所はホテルのスイートルーム。しかし、のらりくらりとベンが乗り気ではないままインタビューが終了したあとのことです。沢木さんは、その「空白」をうまく掬（すく）い取ったのです。

「それは食事が終わり、ベンが自分の車でホテルまで送ってくれるあいだの一時間で決定的な印象となった。

あなたの趣味は何ですか、とことさらに訊（たず）ねたわけではない。しかし、何かのきっかけで、ベンの好きなことは車の運転とビデオの鑑賞だということがわかった。とりわけビデオで映画を見ることが好きで、家には六百本以上のストックがあるという。

「どんな映画が好きなの？」

「アクション」

「俳優では？」

「クリント・イーストウッド、チャールズ・ブロンソン……」

なるほどアクション映画ファンらしい選択だ。

「映画に出たいと思ったことはない？」

私が冗談めかして訊ねると、ベンは照れたような口調で言った。

「チャンスがあればね」

しかし、そのあとですぐにこう付け加えた。

「でも、ないしね」

私にはそのベンの反応が面白く、映画に関する話題をもう少し膨らませてみたくなった。

「やるとしたらどんな役が来るかな」

私が、たぶん刑事役といった答えが返ってくるものと思いながら訊ねると、彼は意外な答えをした。

「逃げる役だろうな」

「どうして」

「きっと、そんなところさ」

「捕まえる方の役は？」

「うん……」

私にはその答え方の中に、彼がこの四年のあいだに受けた傷の大きさがわずかだが透けて見えるように思えた。」（『Ｓｗｉｔｃｈ』一九九二年Ｖｏｌ．10ｎｏ．４「高層建築」）


この沢木さんの文章の一節から何を想像するでしょうか。

沢木さんのようなインタビューの名手であろうとも、てこずることはあるでしょう。しかし、良質のインタビューが前段としてあったからこそ、その後にいい「空白」が向こうからやってきたと考えるべきでしょう。

たしかにベンは乗り気じゃなかったかもしれません。ですが、沢木さんのインタビューによって、心は開いていたのです。「空白」は不意にやってくるものではなく、その前の段階が大事なのではないかとぼくは思っています。

9時間目 相手の「見た目」は情報のかたまりだ

元暴走族のコワモテ俳優の異変

ぼくが初めて俳優の宇梶剛士さんに取材者として興味を持ったのは、バラエティ番組に出演しているところをテレビで観たときです。

もちろん、デビュー時から注目はしていましたから彼の出演しているドラマや映画は意識的に観るようにしていましたし、『不良品』という自叙伝も読んでいました。その本のなかで宇梶さんは、元暴走族総長で少年院に入った過去とか、お母さんがアイヌ民族で自身もその影響を受けたこと、美輪明宏さんとの出会いなどを赤裸々に綴(つづ)っています。

でもバラエティ番組等だと「元暴走族のコワモテ俳優」という記号化されたイメージだけでポジションを与えられていることがほとんど。身長は高く、がっちりしていて顔つきも鋭い。番組内で宇梶さんにふられるネタやトークもその記号化されたイメージに合うようなものばかりでした。

ある日たまたまバラエティ番組を観ていると、宇梶さんが大勢のゲストといっしょに出演していて、一番前の席に座っていました。宇梶さんは猫背っぽく肩をすぼめるような姿勢で座っています。あれっとぼくは思いました。「こんな体格のいい人が、どうしてこういう座り方をするのだろう」と興味を持ったのです。それからぼくが週一回やっていた『バトルトークラジオ アクセス』にゲストで来ていただいたときも、椅子にすごく浅く腰掛けておられた。なにか周囲にすごく気をつかうような姿勢なのです。ぼくはそれが気になってしかたがありませんでした。

それからぼくは宇梶さんに正式に取材を申し込み、約半年間にわたって地方公演などに同行したり、インタビューをしたり、彼の親しい人々に取材を続けていき、まる一日インタビューの時間をいただいたとき、真っ先にその「疑問」を提出しました。

すると宇梶さんは間を置いて、「そうなんです。実はそれを聴いてほしかった」と堰を切ったようにしゃべり出しました。剛士という自分の名前に潰されそうになったこと。異形ゆえに近づこうとしても人が離れていくこと。自分の身体が発する暴力性をなんとか抑えようとして生きてきたこと。その日のインタビューはその話をとばぐちにして、何度か小休止をとりながらも十時間以上続きました。

その部分を書いたぼくのルポから引用してみます。

［宇梶はバラエティ番組でも体を縮ませるように、両肩を内側にすぼませ、わざと猫背のように上体を前かがみにする。股（また）は開かず、なるべく両足を揃（そろ）えるようにし、両手を膝（ひざ）の上にのせて座る。普通

にしていると自らの身体が否応なく周囲を圧倒してしまうため、それをなんとか押さえ込もうとしているかに見える。

（中略）

「剛士という名前は重荷だった。おあつらえ向きっていうか、デカいし、強い。それが確信犯で喧嘩ばかりして暴走族の上に上り詰めたのだから、廊下で『おお、こんにちは、久しぶり』って誰かの肩を叩いたときや、俺が重い物を持ってるときに廊下ですれ違ったときに女の子に肘(ひじ)が当たっちゃっただけで、女の子たちが真っ青になる。俺が『大丈夫？　大丈夫？』って聞いても答えられないくらい震え上がってる。そういうことの連続の中で、すごく自分の強さに息苦しさを覚えたりしたまま大人になってる」

宇梶は自らの身体が否応なく発する瘴気(しょうき)のごときものに十分すぎるほど自覚的だったというのである。」（『アエラ』二〇〇七年二月五日号を改稿）

よく観察することは人間を好きになること

特定の人物について調べて書くとき、過剰ともいえる好奇心を相手に注ぐ必要があります。そうすると、その好奇心が相手のふとしたしぐさや動作、表情などを見逃さずにつかまえることを可能にするのだと思います。

好奇心を絶えず相手に持ち続けていると、自分にしか聴き出せないことはなんだろうかという欲求に駆られるようになります。それはもしかしたら本人も気がついていないことかもしれない、と。その人の所作（しょさ）の裏側にあるものをのぞいてみたいという、ちょっといじわるな好奇心なのかもしれません。

そのあたりを福田和也さんがこう書いています。

「○○さんはこういう人だ、○○さんはこういう場合に、こういう反応をする、といった理解ではダメだ、ということです。

一人一人の人間、AさんとかBさんとかを、指標で区分したり、タイプで分けるのです。指標といっても、いろいろありますね。例えば体型。太っている、ヤセている。背の高低、姿勢の良し悪し。

服装については、いろいろな見方がありますね。どんな服を着ているか。ブランドは何か。いつも同じラフな服を着ている人と、いつもシックな格好をしている人。日によって、着ている服の水準が、ひどく変わる人と、安定している人。

こうした指標で、人を分けてみると、単純に見える集団も、いろいろな形で線引きが出来て、全然対極にあるように見えていた二人が、あるカテゴリーではきわめて近い、などということがあるのではないでしょうか。

（中略）

これが行動になると、さらにいろいろな指標があります。

大事なことは、普段から観察と分類を、じっくりしておくことですね。いろいろな人を、じっくり観察しておく。観察して区分をして、自分のなかにいろいろな人たちのデータを蓄積しておくのです。

（中略）

要するに、よく観察する、ということは同時に人間にたいして強い好奇心をもつということであり、つまりは、人間を好きになるということです。

もちろんこの「好き」というのは、やや邪な「好き」であり、邪悪とはいかないまでもかなり意地悪で悪意もあるのですが。いわゆる人間愛というようなものとは、違うもの、むしろ対極にあるものです。」（『悪の対話術』講談社現代新書）

そうなのだ、とぼくはひざを打ちました。福田さんはこうも続けています。

「好奇心は、人間の悪徳さや醜悪さに負けません。悪や醜さは好奇心にとっては、意気を阻喪するものではなく、むしろ美味なものです。

（中略）

さらに云うならば、人間にたいする好奇心は、人間だけで成り立っている世間、世の中にたいする興味であり、そこで積極的に生きるための、大きな支えになるのです。」（同）

取材される側にも観察される覚悟を

たまに学生から「どうしてそんなに人間に好奇心があるのですか?」と聴かれますが、それは福田さんも書いておられるように、言葉どおりの「人間が好き」というのとはちょっとちがう。福田さんがずばり言い得ているのですが、相手のことを「大好き」になってしまうと逆に見えなくなる部分があるし、いわゆる「人間大好き」じゃ「取材」はできません。

相手のことがただ単に好きという視点しか伝わってこないインタビュー記事や人物ルポを読むと、単なるその人のプロモーションか提灯記事に陥ってしまっていることがすぐ悟られます。

それは取材する側の意識の問題でもあるのですが、取材される側の意識もあります。というのは、取材される側が人物ルポを自分の作品の宣伝や販売のための道具ぐらいにしか考えていないことがあるからです。とくに音楽家や俳優のように、一日に二ケタの本数の取材を受けることが常態化している人はそうなりがちです。しかし、それでは深いインタビューは難しい。つまり取材される側にも「観察される覚悟」をしてもらわなければならない。

好奇心や観察は「意地悪で悪意」と紙一重のことがありますから、それに耐える覚悟を持ってもらう。それを事前に共有できるかどうかを見極めるという作業もいると思います。

ごくまれに、相手をわざと怒らせて取材をするインタビュアーがいます。怒らせることによって、相手の本音をむきだしにさせ、思わぬ相手の人格が見えることがあるからです。しかし、これは大きなリスクがともないます。相手は怒っただけでなく、そのインタビュアーに心を閉ざしてしまって裏のとりようがないウソをつき続けてインタビューに応じ、インタビュアーはそれをそのまま書いてしまうという最悪のパターンに陥ってしまうことがあるからです。

10時間目
「反逆する風景」を無視してはいけない

脈絡のない奇妙なコミュニケーション

ぼくの好きな作家のなかに、辺見庸さん（註23）がいます。思想的な立場は真逆であると感じることもありますが、辺見さんの言葉の選び方、語彙（ごい）の豊饒（ほうじょう）さ、視線の持ち方には感嘆するしかありません。辺見さんの『反逆する風景』という本のなかに、辺見さんが共同通信の北京特派員だったときのエピソードが出てきます。辺見さんは「国家機密を不当な方法で得た」という理由で国外退去処分を受けることになるのですが、その直前のことです。

中国当局の男が辺見さんに情報源を明かせとあの手この手で懐柔しようとしてくるのですが、不意にその男は自分の背広の内ポケットに手をつっこんだのです。辺見さんは逮捕状が出てくると思っておびえます。ところが男が取り出したのは二歳になる自分の息子の写真だった。そして辺見さんに「男に、男になってください」という。辺見さんは、男はただ単に不意に子どもの写真を見せたくなり、何の脈絡もなくその台詞(せりふ)が出てきたのだと思った、と書いています。つまり、そこには脈絡のない奇妙なコミュニケーションが展開されたのです。

［ものを書くうえで、フィクション、ノンフィクションを問わずだが、それら不整合を取りこむべきか否か。（中略）私の結論は、絶対に盛りこまれなければならない、である。たとえば、前述の幼児の写真の一件と「男になれ」発言は、文中に是非とも必要な要件なのである。表面上の、意味的風景をせせら嗤(わら)う、意味のぼこりと陥没した風景があってこそ、風景はやっとそれなりのおもしろい立体的全体たりうるからだ。］

そのあと辺見さんは、何人ものおそらく公安の男たちに追跡をされます。そしてカメラマンのクルマに飛び乗って、河を突っ切って逃げるときに、今度はその河で巨大な馬が死んでいる様子を見ることになります。川面に浮かぶ黒々とした馬の腹は、目的化された取材のなかでは余分なものでしたが、それを取り込むことが大事ではないか、と辺見さんは思ったといいます。

そこを辺見さんはこう書いています。

［この話をフィクションだろうというならいうがいい。反逆する風景の細部を恐れず書きこめば、ノンフィクションだろうが、見た目、フィクションと大差なくなるからだ。景色の反逆をそれと気づき

もせず、細部をすべて切って捨てて、退屈な意味だけ連ねたジャーナリズムは、ノンフィクションっぽい虚構にすぎないだけの話なのであり、どうだろう、活字の不意討ちを内心期待しているような多数の勇敢な読者の目には、煎じ詰めれば、それがルポルタージュか文学かなんて、秋刀魚の缶詰の、包装紙の色のちがいほどにしか映らないのではないか。」

また、辺見さんには『もの食う人びと』という名著があります。「人肉食」をするという部族の取材でインドネシアの山奥に分け入っていったときのこと。ジャングルを先導する地元の案内人は半裸で裸足といった「未開地」にふさわしい格好でしたが、突如ジャングルから、まったく場ちがいな、真っ赤な背広を着こみ、ボロの半ズボンをはいた裸足の男がやって来たのです。

辺見さんはむろんびっくりしたが、その出来事を書くことはありませんでした。未開地のイメージに沿う記事を求められているなか、文明の証であり、なおかつドアマンが着るような赤い背広を着た男が現れたわけで、それを書くと全体の構想や整合性が壊れてしまうからです。ところが、後に書くべきだったと後悔したそうです。

殺人現場周辺で見た意外な光景

その場ではありえない、あってはならないものと遭遇してしまう。ぼくもそういう体験をいくつかしています。

少年が教師をナイフで刺し殺した事件がありました。

その取材で、加害少年の家を訪ねたところ、案の定、家はカーテンを閉ざしていました。その家の前に公園があり、子どもがサッカーに興じていました。そこで地元の人が教えてくれたことにぼくは耳を疑いました。

「あの子は（加害者の）弟だ」

いましがた兄が人を殺したのに、なぜサッカーができるんだ？　ぼくは愕然としましたが、それに対して答えが出ませんでした。

また別の少年が引き起こした殺人事件では、加害者の妹が事件の直後の陸上大会で優勝したことを取材の過程で知りました。そのことが悪いというのではなく、家族が人を殺しても笑ったり、走ったりできることをどう考えたらいいのか。想定外というより、なにか見てはいけないものを見たような気分になったのです。そうした風景や事実は、ぼくの書こうとしていた「壊れた家族」のイメージに反逆していたのです。結局、ぼくはそれらの風景を書くことはありませんでした。

一九八九年三月に発覚した女子高生コンクリート詰め殺人事件のときも、そうした体験がありました。

ぼくが事件直後に加害者たちの住んでいた街を訪れ、女子高校生が監禁されていた家にたどりついたときのことでした。そこに著名なテレビリポーターの女性があらわれ、遠巻きにしていた女の子らにマイクを向け始めたのです。インタビューがひととおり終わると、お礼にと飴（あめ）を配り、彼女を乗せたロケバスが立ち去ろうとすると、女の子らはキャーキャー騒いで手をふっているのです。

そこから五メートルも離れていない場所には規制線の張られた、女子高校生が監禁され命を奪われた家があるのに。そこで飴を配るということ。有名人を見たことで歓声をあげる女性たち。そうした風景を当時二十代前半のぼくはどう受け止めていいかわからなかったのです。解釈しようのない風景の断絶をどう考えればいいのか。

当時、ぼくは以下のような日記を取材ノートに書き留めています。文中の「C」とは女子高生を監禁していた部屋の主で、犯行グループ中心メンバーでした。

「一九八九年某月某日

取材開始、といっても街をぶらつくだけである。ショルダーバッグのなかには新聞や週刊誌の関連記事のコピーがぎっしりと詰まっている。殺された女子高生の写真をでかでかと載せている雑誌が多い。まるで見せ物だ。事件の本質には関係のないことなのに。ワイドショー化した報道合戦にはうんざりさせられる。

と、思っていたら、少女を監禁していたC少年宅前で、ワイドショーの中継をしていた。ずんぐりした体型で、髪をきちんと七三に分け、いつも地味な色のスーツを着ている女性リポーターだ。家を背にして、自分のノートを見ながら、しゃべる台詞を復唱している。神妙な顔つき。カメラが回りはじめると、よりいっそう神妙な顔つきになり、「この家の二階でひとりの少女が四〇日間も監禁されていたのです……」と報告している。

自転車に乗った高校生ぐらいの女性が付近を通りかかった。そして、そのうち一人が「わたし、C

くんと同級生だよ」と、数メートルはなれたところにいるテレビの取材クルーに聞こえるように言ったのである。その声を聞きつけたのはロケバスの運転手だった。運転手はその旨を取材クルーのところに伝えに走ったが、ディレクターはその話に興味を示さなかった。

リポーターは帰り際にロケバスから顔を出し、その女性たちと握手していた。リポーターは車内にあった飴を彼女たちにふるまい、ニコニコと手を振りながら去って行った。彼女たちもうれしそうにおどけあって手を振り返す。このアカルサはなんなのだろう。吐き気がする。

だが、その数人の女性たちをさそって、私はちかくの喫茶店に入った。C少年と同級生だったという高校一年生の少女は、ケーキを食べながらCについて、「そんなことをやりそうなコじゃなかった」と語った。そして、主犯格といわれるAについても「思い出」を教えてくれた。たぶん、あのリポーターに話したかったであろう内容を私に向ける。

「私たちが部活とかやってると、学校のフェンスの隙間から顔をのぞかせて、〝オーイ、がんばってるかあ〟なんて言ってくれましたよ。でも、なにやるかわかんない、スゴくおっかないヒトだったから、事件を聞いたときは、やっぱりって思いましたね」

私は、残忍な殺人事件を前にして淡々とアカルクしゃべる少女に違和感を覚えた。自分が事件を起こした少年たちと共有していた時間や空間。それと「事件」とは隔離しており、まるで関係がないかのような口ぶり。お母さんから綾瀬に行ったらだめって言われてますから。そう言って自転車に乗った少女たちは行ってしまった。

この日、何人もの地元の少年や少女に声をかけてみたが、みな似たような返答ばかり。身近な者が起こした事件を考えるより、やはり自分の進学や就職について悩むほうが大切なようである。」

目の前にある風景に、当時のぼくは「殺人現場」としての「整合」性を求めていたことがわかります。みな神妙な顔をして、あるいは暗い表情をして現場を通りすぎる、寡黙になり事件について触れようとしないはずだ、と。

ところが、取材をするとそれをことごとく裏切る話がどんどん集まってくる。ぼくはそれを取捨選択できずにこうした日記に書きつけたのです。

世の中の矛盾した集合体を見つめろ

もう少しぼくが体験した「反逆する風景」を紹介します。ある病院に取材に行ったときのことです。取材がひととおり終わり、院長に挨拶をして、次に副院長に挨拶に行きました。副院長室をノックすると「どうぞ」の声。ドアノブを押し開けると、まず目に入ったのは、床に散乱する書類の山でした。雑然という感じではなく、病的に散らかっている。

そして、副院長の顔を見てぼくは「エッ?」と思った。身長百八十センチほどの長身の男性で長髪、そして化粧をしていたのです。アイシャドウと口紅ははっきりとわかった。むろんそのことには触れず、形式的な数分の挨拶だけで済ませましたが、ぼくは気になってしかたがありませんでした。

退室をしてから同行した女性編集者に「あの人、化粧してたよね?」とあとで聞くと、「はい、してました」と編集者もちょっと困惑した表情で答えました。散乱した床と化粧……。気になってしかたがない。そこを掘っていけば、もしかしたらその病院の「なにか」が出てくるのではないかと好奇心が芽生えましたが、掘り返す理由もないし、書くことはありませんでした。

マスメディアの大半はそうした光景を落としていきます。なぜなら、それが必要ない風景だからです。

前出の森達也さんのオウム真理教の信者たちの生活を記録した『A』『A2』は、そんな反逆する風景に満ちています。地元住民はオウムに反対していると表では報道されながら、実は信者に差し入れをしていたりといった交流がありました。そうした普通の報道が落としているところを森さんは拾っていきます。

サリンの被害を受けた河野義行さんにオウム幹部が謝罪する際もそうでした。テレビでは、幹部の謝る姿が報じられましたが、実際は、「謝り方が悪いからもう一回」とリハーサルをやっていたのです。森さんはそうした現場を全部撮って作品に盛り込みました。無差別殺人を起こした教団と、そうしたチグハグな振る舞いを並列に見ると、見るものの価値観は揺さぶられます。

取材を目的化しすぎると、目的にかなわない要素は視野のなかに入ってきません。目の前のいわく言いがたい風景は無意識に排除されてしまうのです。辺見さんはそれを「目の問題だ」と言います。おもしろいと思う目がないと、それは見えてこないのです。ノイズにフォーカスする目。それを入れこんだ風景全体が本質を示すものなのかもしれません。

人は相手や事象をひとつの型にはめようとします。そうしなければ、「理解」や「納得」をすることができないからです。でも世の中や人間は矛盾した要素の集合体であることのほうが多いのです。それをまざまざと見つめることが取材者として大切なのではないでしょうか。

再び辺見さんの文章を引用します。


［最初にそのことをこの目で強く意識したのはいつだったろうか。

風景が反逆してくる。考えられるありとあらゆる意味という意味を無残に裏切る。

（中略）

全体、風景たちはなにに対し反逆しているのだろう。

解釈されることに、ではなかろうか。意味化されることに、ではないか。風景は、なぜなら、往々解釈と意味を超える、腸（はらわた）のよじれるほどのおもしろさを秘めているからだ。反逆する風景たちは、では、なにを訴えたいのだろうか。おそらくは、「この世界には意味のないことだってあるのだ」ということなのだ。］

註23　辺見庸さん　一九四四年生まれの作家。『自動起床装置』で芥川賞受賞。『もの食う人びと』『赤い橋の下のぬるい水』『反逆する風景』『永遠の不服従のために』など多数の著作がある。

11時間目

共同体や文化背景からくる「言葉」を読む

共同体的な語りと個人の語り

ぼくは日本にプロサッカーリーグが立ち上がる少し前から、在日コリアンのサッカー選手について取材を始め、日韓ワールドカップ共同開催のときに『コリアンサッカーブルース』(アートン)という単行本にまとめたことがあります。

申在範(シンジェボン)というJリーグ発足当時、ジェフユナイテッド市原からデビューすることが決まっていたJリーガーに何度も会い、インタビューを重ねていきました。同時に彼の両親や友人、他の在日コリアン選手にも取材をしていきました。選手だけで二十名以上に会ったと思います。

日本には、朝鮮総聯(在日本朝鮮人総聯合会)、大韓民国民団(在日本大韓民国民団)というふたつの在日コリアンの団体があります。朝鮮総聯が日本で生まれた民族団体の元祖的存在で、政治的には北朝鮮を支持する団体です。申選手は総聯傘下にある民族学校でサッカーをしていたので、朝鮮大学校を卒業したあとは総聯傘下の事業体「在日朝鮮蹴球団」でプレーすると目されていました。当時、サッカーのうまい男子はここに属してプレーをすることになっていました。しかし彼は朝鮮大学校を中退してブラジルに渡り、Jリーグの発足とともにジェフ市原に所属します。朝鮮大学校はサッカー強豪校なのに、大会に参加することができなかったりした状況のなかで、彼がJリーグで本名で活躍することは同胞社会にとって輝かしいことである一方、在日社会から日本社会へ行ったというどこか冷ややかな眼差しもあったことを彼は意識していました。

拙著『コリアンサッカーブルース』から、テレビのスポーツニュースで記者からインタビューされた場面等、三ヵ所を引用してみます。

記者「あなたは在日朝鮮人の見本になっているが(中略)」

申「こうやってJリーグの場を借りてやっていくのもいいし、いろんなところで社会に出ていくのもいい。いまは朝鮮人だからということで、どこでも(サッカーが)できないというわけでもないし、こういう場でやっている人間もいるわけだし、僕が引っ張るという意味じゃないけど、見本となって、先陣を切るという感じでやっていきたいんです」

※

「当時、ある月刊誌で活字になった在範の言葉に次のようなものもある。自分がサッカーのスーパースターになることで同胞の後輩に道を開きたいとコメントしたあと、「すでに在日朝鮮人社会ではスターではないのか?」と聞かれ次のように話している。

「いや、(日本のメディアからの)取材は何回も受けていますが、在日同胞のメディアからはいっさい申し込みがありませんよ。僕の社会は古い考え方が強くて、個人よりも国を重視する。だから僕みたいに、国よりも自分の生き方を大切にする人間は煙たがられるんです。しがらみが多くって、極端な話、女の子とも付き合えない。すぐに『あいつは申の女だ』ってレッテル貼られて、可哀相な思いをさせるから。こういう状態を在日朝鮮人社会の内部から僕が突き崩したい。そのためには間違ってることは間違ってるって言える立場に立ちたいですよ」

「日本の三大紙に僕が出てるのに、なんで在日同胞のメディアには出ないのか。全然開かれていないんですよ」

そう憤る一方で在範は、「僕には国を思う気持ちが人一倍ある。国というより、総聯を思う気持ち。あるからこそ訴える。僕が言うことは、誰もが間違っていると思っていること。自分の子供の世代のことを考えると、こんな住みにくい世界はないんじゃないか」

※

申選手が口にした「朝鮮人」「在日同胞」「在日同胞のメディア」「僕の社会」「国」などの言葉がなにを指すのか、取材当初ぼくにはよくわかりませんでした。

そして、「国を思う気持ち」という言い方や、「在日朝鮮人としてがんばる」という意志の表明。ぼくは彼以外にたくさんの民族学校出身のスポーツマンに会っていくことになるのですが、必ずそういう言い方を耳にしました。そして、それらは「共同体」のなかで培われた言い方だということ、それも共同体の外側にいる者、すなわち「日本人」に対してはそう答えることが多いこともわかってきました。朝鮮総聯系の学校での民族教育、つまり、ある種の「愛国教育」を考えると、その言い方はその共同体に属した者なら誰しも使う、それも公式な「日本」のインタビューに対して答える言い方だったのです。

ぼくはどこからどこまでが「個人の語り」で、どこからどこまでが「共同体的な語り」なのかがわからなくなってしまいました。つまり共同体的な語りと個人の語りが反復して出てくるのです。

モデル・ストーリーを理解しよう

『インタビューの社会学』（せりか書房）を記した社会学者の桜井厚さんは、このことを「語りの重層性」というふうに呼んでいます。共同体のなかで繰り返し語られる言葉を、桜井さんは「モデル・ストーリー」と命名しています。モデル・ストーリーとは、長い時間のなかで定型化されてきた「言い方」と考えればいいでしょう。

価値観や歴史性を共有する共同体（この場合は申選手が属していた、在日朝鮮人の共同体）の文化や歴史性を理解してはじめて、取材した相手が使う「特有の言葉」を理解することになるということです。さらにその「特有の言葉」を当人がどう「語る」かによって、共同体のなかでの位置や、共同体に対しての距離がわかるということです。

［語り手は、その人の所属する文化に固有な言葉を使ったり、日常語の特有な使い方や言い回しをすることによって自分の世界を語ろうとする。トランスクリプトの分析には、まず、語り手がよく使う言葉を拾いだして、彼／彼女がもっている基本的な概念を把握する必要がある。インタビューで、日常的に使われる語彙とは異なる言葉が使われると気になるものである。とりあえずは、その土地に固有なフォーク・ターム（民俗語彙）や職業的な専門用語については、語り手により詳しい説明を求めたり、のちに自分で調べたりしながら、次のインタビューに備えていくのがふつうであろう。そうした耳慣れない言葉が、ときには語りの基本的な概念を照らし出していることがある。」（『インタビューの社会学』）］

ですからまず、「在日」とはなにか、在日朝鮮人と在日韓国人はどうちがうのか、朝鮮総聯と大韓民国民団とはどうちがうのかなど、その歴史を知る必要があります。

いまだに知識人のなかでも、初対面の在日コリアンに向かって「あなたは北？　南？」と聴く人がいます。不勉強もいいところなのですが、その質問の意図においては「北」が「朝鮮国籍」を指すのか、総聯コミュニティのなかで生きてきたことなのか、あるいは心情的にどちらを支持しているのかを聞いているのか、さっぱりわかりません。はっきりいえば「北ですか？　南ですか？」というのはナンセンスな質問で、こういう質問をした時点で歴史や現状を正確に理解していないということがわかります。

そういう意味では相手の語りのなかに、「個人」と「共同体」と「社会」がどのように紛れ込んでいるのかを知るためには、やはり知識を得るという準備をするしかありません。

ぼくは在日コリアンサッカー選手を取材するときにそれが足りなかったことを、途中で気づかされたわけです。これをなるべく早い段階でわかっておかないとインタビューする側が使う言葉と、インタビューされる側が使う言葉が大きくずれ、質問と答えがどんどん乖離（かいり）していくことになってしまうのです。

12時間目

マイ目利きをつくる

好きな作家、評論家、学者から情報をもらう

書店の達人バイヤーがつくりあげた渾身の「書棚」は、眺めているだけでうっとりしてきます。棚に知の体系が見えて、導いてもらえる感覚が好きだからです。スーパーブックバイヤーがいる特定の書店（新刊書では名古屋の正文館書店や東京・神保町の東京堂書店、名古屋のヴィレッジバンガード等）には定期的に通うようにしています。

いま年間で約二万冊の新刊が出版される一方、減り続けている書店の新刊コーナーに置いておかれるのはせいぜい長くて三ヵ月です。新刊の波をかぶり、次から次へと返品されていく本の運命を思うとやるせなくなります。いや、一時でも新刊コーナーに並べられただけでもマシと思わねばならないのでしょう。一度も書店に並べられることもないまま、段ボール箱からも出されず返品されてしまう

本もあります。

初版部数が数千であれば全国の書店にあまねく行き渡ることはないから、一部の書店に流れるだけです。自分の読みたい本と出会うためには新聞の書評欄や出版社の広告をくまなくチェックするか、書店を定期的にまわるか、インターネットの書評やSNSをチェックしなければなりません。でもそんな時間をとることができる人は限られています。ぼくたちはなにを手がかりにして出会うべき本と出会えばいいのでしょうか。

映画だってそうです。どこの映画館にもかからずお蔵入りするのが約三分の一、数週間の単館上映で終わってしまうのが大半です。シネコンの台頭やテレビ局が資本参加するため、日本中どこに行っても、ハリウッド映画か、「ヒーローもの」か、「テレビアニメの映画版」がかかっている状況になっています。ほんとうに観たい映画の情報はどこで仕入れればいいのでしょうか。映画の専門情報誌やインターネットの映画情報サイトなのでしょうか。

本と映画だけとってみても、万人にその「存在」さえ行き渡ることはありえず、もしかしたら「読むべき」あるいは「観るべき」ものの大半を享受できていないといっていいでしょう。

では、どうするか。情報の大海原を見て呆然とするのではなく「人」を見ればいいのです。

自分が好きな作家や評論家、学者などがなにを読んでいるか、なにに興味を持っているかを継続的にチェックしておくのです。そうすることにより、その目利きたちが自分の目や耳や舌となってくれる。つまり彼らの情報収集力を「借りる」わけです。

ぼくの例を出すと、この本に登場してもらっている方々をはじめ、数十人の著作はもちろんのこと、連載コラムやメルマガなどを定期的にチェックして、その人たちが薦めている本や映画、人物などを参考にするようにしています。思想や政治的立場もみなバラバラです。それ以外にも個人ブログなどで信頼する友人や知人らの発言は定期的に見るようにしています。

ぼくは、これらの皆さんを「マイ目利き」と勝手に呼ばせていただいています。有名無名問わずぼくのマイ目利きは数十人いますが、彼らが薦める本や映画をすべて見ることはできません。発信量が多い人たちばかりなので、日々たまっていく情報量はたいへんな量になりますが、しかし、彼らの眼力を信用して膨大な情報をフィルタリングすることで効率的にインプットすることができるわけです。

情報は、いつの時代も「人」に集まってくるものです。

評論家の佐高信さん(註24)の『情報は人にあり』という本のなかに、人との出会いのなかで本を知り、紹介をされてさまざまな書き手と知己になっていく様が描かれています。

佐高さんは雑誌の編集をしていたせいもあって「仕事」として多くの書き手との人脈を広げていった面もありますが、出会った「おもしろい」相手からぐいぐいと人脈をたぐりよせ、本や著者の紹介を受け、それを自分の血肉にしていくところは真似したいなあと思わせられます。

人に出会うことは、その人そのものと付き合うことにほかならないのですが、その人の人脈まで食い込んでいくことがほんとうのおもしろさなのかもしれません。相手に「こんな人を紹介したい」と思わせたらしめたものです。

取材でも「キーマン」を見つけろ

取材の手法でも、「人」を起点にすることは王道です。鎌田慧さんの『ルポルタージュを書く』(光村図書出版)という本のなかにこんなくだりがあります。

「たとえば、北九州に取材に行ったのは、八幡製鉄所に関心があったからなんです。北九州工業地帯の入り口に洞海湾という入り江があって、その洞海湾の脇に八幡製鉄所が、明治の三十年代につくられますが、そのときにどういうふうな買収方法をとったのかとか、そのころの洞海湾はどんな様子であったのかとか、それがどういうふうな形で汚染されていったのかということにも、当然関心があるわけですね。

そのことについては、漁師がいちばんよく知っていますから、漁師に会いたいと思う。ところが、いまは洞海湾に漁師はいませんから、昔、この辺で漁師やってた人はいませんかと聞いていく。一人でも二人でもわかると、そういう人のところに行って、「昔のことをよく知っている人はいませんか」と聞くと、「あそこのおじいさんが詳しいよ」と教えてくれる。そこで、そのおじいさんの家に行って、「昔はどうでしたか」と聞くんですね。そうすると、みんな昔のことは、懐しいから、だいたい話してくれます。」

とてもオーソドックスな、いわゆる「足で書く」方法論ですが、「人が情報を持っている」からそうなるのだともいえます。オーラルヒストリーを聴き取っていくのも、こうやって人から人を辿っていく方法をとるのがいちばんいいと思います。聴かれたり、相談されたりすることは、された側にしてみると決して嫌なことではないことが多いものです。

しかし、知らない土地で手さぐりで人から人をつたっていくのはたいへんな作業です。それに相手は、初対面の人間に取材したいなどと言われたら警戒するに決まっています。でも、きっと話してくれる人がどこかにいるにちがいないと思ってさがしていくわけですが、徒労に終わることも多い。そういうときに手あたり次第にあたっていくよりも、「キーマン」を先に見つけるほうがいいということもあります。

ぼくがそういう手法で書いたのが、『暴力の学校　倒錯の街』(註25)という作品です。一九九五年に福岡県飯塚市で起きた「体罰死」事件をめぐって、地元では考えられないような事態が進行していました。

そのことを知ったのは新聞のベタ記事を東京で読んだことでした。高校教師が女子生徒に対してふるった体罰により、その女子生徒は命を奪われる事態にいたった事件です。しかし、事件直後から教師に対する減刑嘆願の署名運動が起こった。そのときに「女子生徒は麻薬中毒で(殴られたら)すぐ死んでしまう体質だった」とか「入れ墨をしていた手に負えない不良で、愛の鞭(むち)をふるった教師がむしろ被害者だ」というようなデマも同時に飛び交う信じられない事態に地域がなったのです。

最初は新聞とテレビが情報源でしたし、噂(うわさ)の根源をつきとめるべく(つまり犯人さがし)、ぼくは地域を歩き回ることになるのですが、キーマンをさがそうと思い、地元で塾を経営していた佐田正信さん（故人）という、ぼくより少し年長の男性にめぐり合います。地元でその減刑嘆願運動に異議をとなえている人がいると聞きつけ、お目にかかったのです。

佐田さんは地元生まれ、地元育ちなので、彼の人脈は毛細血管のように広がっています。渋々ながら、署名した人を紹介してくれたり、病院関係者を紹介してくれたりしました。彼を起点にして、彼の友人、その知人へと無限に広がっていったのです。ぼくの行動はそれから効率的になりました。

事件の取材ではなくとも、たとえば自分の住んでいる町を調べてみようとするとき、町の歴史をよく知っているお年寄りに広いネットワークを持っている老人会のリーダーとか、役場などの行政の担当者などがキーマンになると思います。

キーマンは知識があるというだけでなく、その人の紹介でということであれば、初対面の人の警戒心を少しでも解くことができるのです。

註24　佐高信さん　一九四五年生まれ。評論家。企業や人物評論を中心に活躍中。

註25『暴力の学校　倒錯の街』　三年あまりの取材期間をかけ、膨大な裁判資料、同級生、学校関係者、地域関係者を掘り起こして事件の全容に迫った作品。一九九八年刊行。

13時間目

必ず「生身」に触れること

会うことで容貌や息づかいがわかる

授業の初回のころによく出る質問に、こういうものがあります。

「考えたことを書くのではだめなんですか?」

それはどういうこと? とぼくが聴き返すと、テーマを設定したらインターネットや図書館などで手っ取り早く資料を漁(あさ)り、それについて自分が「考えたこと」だけを記述してくるというものらしい。

もちろん、それも「取材」のひとつでしょうし、授業はスタートしたばかりなのですから「取材して書く」ということのメッセージがつかめないのも当然です。

そういうとき、ぼくは「それだけでなく、対象を見て観察し、必ず人に会い、話を聴くことをしてください」と答えます。

考えることは大事です。考えた軌跡も表現してほしいと思います。しかし、それと同時進行で、取材をする君たちが人に話を聴いていることがしっかりと伝わってくることが大事です、と。人に話を聴いたときの驚きや戸惑い、緊張感、楽しさ、自分がどうそれを受け止めたのか、そうしたことをきちんと書いてほしい。

人に会わずして書かないでほしい、ということです。自分が「そこ」にいることが伝わってくるように、現場にいることがわかるものを書いてください、と念を押します。インターネットや図書館で関心があることを調べて、いくつかのオピニオンをながめて「考えた」ことを書けばいいと勘違いしている学生もいると思いますし、ネットにあふれている情報を加工してあたかも自分が見たり聴いたりしたかのように仕立ててくることもあります。

取材して書く、ということを学生に伝えるために、ぼくが「ネット心中」について書いた短編ノンフィクションを学生に読んでもらい、取材方法を説明します。

ぼくはネット心中の相手をさがしている人にインタビューをするため、まず「メンヘル問題」(註26)に詳しい友人を介してサイトで呼びかけをしてもらったところ、数名の人が応じてくれ、しばらくネットを通じてやりとりをしました。

まずはぼくの自己紹介から始め、どうして心中サイトを利用しているのかを教えてもらいました。そのやりとりの向こう側からも当人たちの「生きづらさ」が伝わってきましたし、もちろん、相手が「実在」していることはわかります。しかし、ネットを通じてやりとりするのと、実際に会って話すのとでは、ぼくにとっても相手にとってもリアリティがちがってくるのはあたりまえのことです。ネットだけのコミュニケーションでは、ぼくは相手にとって「語ってもいい」信頼に足る人物かどうかわかりません。また「会う」ことにより相手の容貌や息づかいも見ることができますし、生身の感情を浴びることができます。

少し長くなりますが、それによってできた文章をご紹介します。

「北九州地方のとある市、幹線道路沿いのまだ築年数の浅い低層マンション。玄関脇にある五畳ほどの部屋が真理子さん(仮名)の自室だった。今年で三十二歳。父親と二人暮らし。一週間ほど前に引っ越したばかりでまだ片づかないんです、と真理子さんはばつの悪そうな顔で笑った。部屋中、トロという猫の人気キャラクターグッズで溢れている。洋服ダンスの上にもそのぬいぐるみが山と積まれているが、埋もれるようにして七輪の入った箱が顔をのぞかせていた。キャンプ用として売られているもので、「一週間前ぐらいに何かのついでに買ったんです」。ただ、練炭はその場で売っていなかったし、いまだに購入していない。

「二年ぐらい前からしょっちゅうインターネット(以下、ネット)の複数の自殺サイトにある、心中相手募集の掲示板に書き込むようになりました。でも返事がこなかったり、募集の場所が遠かったことで実行にはまだいたっていません。遠いところまで行く元気があったら死なないです。キツくない死に方に練炭自殺。飛び降りや首つりは怖い。クスリやリスカ(リストカットのこと。手首を切る自殺方法)では死ねない。ビルの八階まで行ったことがあるんですが、怖くて膝ががくがく震えた。首つりは父親に迷惑をかけてしまう。このマンションを出ていくはめになるのかもしれないし……」

心中相手の募集に応じることは七輪やクルマなど自殺するためのツール（道具）を用意することと同じ、と真理子さんは私に言った。独りはさびしい。死ぬ勇気がきっとなくなる。だれかとだったら逝っちゃえそうだ。死にたいと思っている人とおしゃべりをして、練炭を焚いたまま睡眠薬を飲んで寝てしまえば、消えるように死ねそうだから――。中途半端にお互いの事情をわかり合っている相手よりも知らない相手、それも同じ生きづらさを背負った者同士という深い一点において純化された共通項を分かち合える相手とのほうが実行しやすいのかもしれない。

引っ越して以来、家から一歩も出ていない。というよりも出ることができない。目覚めると激しいめまいがして身体を起こすことすら苦しい。息苦しくなり、汗がふき出る。ひどいときはパニック状態に陥る。めまいが主症状のメニエル病の治療薬はまったく効かず、かかっているクリニックの医師からは「心因性」だと言われている。でも、このめまいさえ取り除くことができれば生きる意欲がわくかもしれないのに、と思う。

数年前からネット漬けの毎日。自身でホームページを持ち、日記を公開している。もう死んでしまいたい。いつ死のうか。珍しくめまいのない日も、真理子さんはそんなことばかり考えている。私と会う前日も、心中相手募集の掲示板に書き込もうと思って、あちこちの掲示板をのぞいていた。そのうちに自分をコントロールできなくなり、パニックのような症状を引き起こしてしまい自分で救急車を呼ぼうと思った。前に住んでいた社宅には警察や救急車をよく呼び、近所に迷惑がられたという。

今年（二〇〇三年）二月、埼玉県入間市にあるアパートの一室で、付近に住む二十六歳の無職男性と千葉県船橋市の二十四歳の無職女性、そして川崎市の二十二歳の無職女性が死んでいるのが発見された。室内には練炭入りの七輪四個が置かれ、ガラス戸にはテープで目張りがしてあった。死因は一酸化炭素による中毒死。遺書はなかったが、現場を発見した女子高校生の話によると三人は昨年十二月ごろにネットを通じて知り合い、心中したのだった。

同様の事件は以前にもあった。二〇〇二年十月に、東京都練馬区のマンションで三十代の男女二人が心中を遂げている。今年に入ってからは、先ほどの埼玉の事件をはじめ、三月には三重県津市で二十代の男女三人と、さらに山梨県上九一色村（当時）で二十代の男女四人（全員重体で発見）が、四月には千葉県市原市で二十代と三十代の男女三人、さらに佐賀県で五十四歳と三十歳の男性二人が、五月には群馬県で二十代の男性三人が、ネットを通じて知り合い、いずれも練炭を使って心中を図っている。

じつは四月に起きた事件の五十四歳の男性と真理子さんはニアミスしたと思われる。その男性は福岡の男性で、心中を図る以前に熊本の高校生が練炭自殺の相手を募集したところ、真理子さんもその福岡の男性も応募をしていたのだった。毎日四六時中自殺サイトを見れば心中志願者の「動向」を把握することができるという。男性は会社が倒産したことを苦にしていたという。心中は実行されなかったが、募集をかけた高校生と真理子さんは知り合いになり、今でもネットを通じてお互いの精神状態を報告し合う仲になった。むろんそれぞれの自殺願望は消えていないが、高校生はその時点では本気で自殺を考えていたというより、同じ自殺念慮を分かち合いたいという気持ちで募集をかけたのだろう。しかし五十四歳の福岡の男性は本気だった。

真理子さんが心身に不調を感じだしたのは十一年前の七月。当時結婚していた彼女は、わが子を抱いてクルマに乗り込もうとし、不注意で自分の頭部をクルマのドアに強くぶつけてしまった。ゴキッというにぶい音がしたという。その直後に激しいめまいと吐き気が襲い、「脳がどうにかなったと思った」。精密検査をしても異常なし。ところが、次第に身体の震えや言語障害が出るようになり、一ヵ月後には入院をすることになった。が、検査をしても原因は不明。医師はむち打ち症と診断をしたが、真理子さんは不眠も続くようになり、食欲も減退するようになった。そして正体不明の恐怖が襲うようになる。毎晩ナースコールで「怖い、怖い」と訴えた。

退院後、実家に戻ったが心身の状態は悪化するばかりだった。深夜に父や弟が帰ってくると殺意が生まれるようになった。「ああ、自分はおかしい」と自覚できた。大病院に夫といくと、精神科医はパニック障害と診断、不安神経症のクスリを処方されるようになった。このころから死んでしまいたいと思い始めたが、二人の幼子の存在がブレーキになった。母が亡くなったことも悪いほうに影響した。状況は好転しないまま、平成十一年に離婚。母として妻として家庭生活を営むことが困難になってしまったのだ。子どもの親権も夫に譲った。

離婚後、妻子ある男性と不倫関係になった。男性は家庭を出て真理子さんと一緒に暮らしていたが、たまに妻や子どもと会っていた。真理子さんはそれを了解していたが、男性は「会ってない」とウソをついていた。真理子さんは衝動的に「ウソだけはつかないで！」と叫び、その場（家の中）にあったうぶ毛剃りの剃刀（かみそり）を手首にあて、ひいた。以来、ことあるごとにリストカットをするようになった。

いま真理子さんには、死ぬなら一緒に死のうと約束している相手がいる。近くに住む二十歳の男性で、アパートに引きこもっている。やはりネットで知り合った。二人はクルマで海にダイブして死ぬつもりで何度も海に向かったことがある。けれども、「そういえば、おいしいもん食べてないし……」などと話しているうちに、死ぬ気が失せた。あるいはその男性が死にたいと思っている時に、真理子さんの気がのらないこともあった。そういうときは思いとどまるよう説得した。

「彼が遺書を書いたことがあって、その遺書を読むためのパスワードを知らせてきたんです。慌てて彼のアパートにかけつけ、ドアをそっと開けた。するとドアノブにひもがかかっていて、ひもの端はぐったりしている彼の首に巻きつけられていたんです。誰かが思いっきりドアを開けたらひもが締まるようになっていたんですね。すぐに親に連絡しましたよ。別の時にも、彼が死にたいと伝えてくると慌てて見に行ってアパートに生活感があると安心するんです」

年齢的に姉弟のような関係が彼女を行動に駆り立てるのかもしれないが、その男性の「見つけてほしい」という明らかなシグナルは真理子さんだからこそキャッチできた。

「私が七輪を買ったことは教えてあるんですけれど、ヘンですよね。自分は死にたいくせに、だれかが死にたいと言うと、生きていればいいことあるよって言っちゃう。一生懸命自殺を止めちゃうし。どこか、自分も止めてほしいのかもしれない。友達に、おやすみ、バイバイ、とか書いてたくさんメールすると、みんな心配してくれるし。リスカはきっと、生きていることを実感するからだし、抗鬱剤とか抗不安剤、睡眠薬も生きるために飲んでいる」

けれど自分が生きることへのキツさはなくなってくれない。生と死の境界線を歩いていることには変わりはない。かろうじていくつかの細い糸が彼女をこの世につなぎとめている。

「でも、死なないなら、死なないほうがいいに決まっているんです。どうやったら生きていけるのかな？　めまいが治ってほしい。そして好きな人がずっとそばにいてくれたら、ある程度は生き延びられるかも……」」

無数の傷痕が物語るもの

「あるサイトを通じて、「死ぬ前に、だれかにメッセージを残しておきたかったから……」というメールが私に届いた。千葉県に住む二十二歳の女性、さやかさんからだった。

さやかさんは中学校時代の友人に体を支えられながら待ち合わせ場所に来てくれた。足元がおぼつかないのは抗鬱剤や抗不安剤、睡眠薬を常用しているせいだとあとでわかった。彼女が私を見る目は最初、猜疑心（さいぎしん）に満ちていた。しかし、言葉を少しずつ交わし、彼女が泣き崩れながらも懸命に言葉をさがすうちに、時間はあっという間に過ぎていった。待ち合わせをしたカフェから場所を移動するうちに、気がつくと十三時間以上が経っていた。彼女の左腕には無数の生々しいリストカットの傷痕があり、そこから血が滲（にじ）んでいた。それは、彼女が私に話した「苦難の記憶」そのものを物語っていた。

「自分のホームページ（現在は閉鎖）で一緒に自殺してくれる人の募集を呼びかけたことは何度もあります。ついでにやり方も募集しました。何人かからメールが来ましたよ。最近では一ヵ月ぐらい前に募集したら、大阪の男の人から、一緒に死にたいってメールが来ました。でも、大阪は遠いな、と思ったし、私は首つりで死にたかったんですけれど、その人は海外で銃を手に入れてそれで死にたかったみたいなので、実行には至りませんでした。今でもたまにメールをやりとりするから、生きてるのかなあ……」

　彼女が繰り返し繰り返し語ったのは、彼女の体に刻み込まれた母親からの虐待経験だった。木刀で叩く、殴る、蹴る、髪を引っ掴んでむしる、灰皿を投げつける……。兄弟は三歳上の兄と五歳下の弟。すべて父親がちがうという。一緒に暮らしてきた父親は仕事だけが生きがいでほとんど家にはおらず、いつも母親と子ども三人だけの生活だった。

「弟のいる前で、私と兄はしょっちゅう裸にされて木刀で叩かれたんです。兄は中学生の時、祖母の家に追い出された。非行に走ったのが原因で、今は行方不明です。あんなやつになったらダメだ、というのが母の口癖でした。母は私が幼いころからアルコール依存症気味で、いらいらしては酒をあおって私にあたりました。だからいまだに幻聴やフラッシュバックもあるんです。子どもの泣き声がする。殺さないでくださいって。母の、オマエなんか！　死ね！　という怒鳴り声もするんです。その悪夢は実際に体感しているような感じで、細い女の人の手だけが見えることもある。どこかで見た手だと思っていると、母の手なんです……」

　私の目の前にいるのは、今まさに母親に叩かれている幼い日の彼女のようだった。さやかさんは母親の暴力を回避するために、ただひたすらに親にさからわない「いい子」になろうとつとめた。

「友達づき合いも母に決められた。外でも遊ばせてもらえなかった。家事ばかりやらされました。そんな家庭環境でも、もっといい子にしていれば、母親がやさしくしてくれると思った。母親から何をされても嫌いにはなれなかったし、今も嫌いになれない。いつか私の苦しさに気づいてもらえるんじゃないか、と思って生きてきたんです。苦しくて……」

十九歳の時、家を出た。日頃、父からも「死ね」「出て行け」などと殴られ、家出同然で東北地方の工場に約半年間、季節労働者として働くことにした。ところがある夜、取り返しのつかない悲劇がさやかさんを襲う。意を決したように彼女は私に話し出した。

「ある夜、工場からの帰り、バスを降りてアパートに戻る時、二人組の男に襲われてレイプされたんです……暗くて加害者の顔はわかりませんでした。以来、仲間と思われる男たちがクルマでアパートの前に停まり、騒音をたててからかってきた。怖くて外に出られなくなり、リスカをするようになりました。レイプは、今でも悪夢として蘇ることもあります……。半年後、家に帰っても居場所はありませんでした。その間に親は離婚していて、生きている意味がどうでもよくなって、リスカがとまらなくなりました」

二十歳になった時、何を思ったか母はさやかさんに重大な告白をする。父親はさやかさんとは血のつながりがないこと。母自身も親から虐待を受けて育ったこと。十七歳で兄を産み、子どもが子どもを産んだとまわりから非難されたこと……。

「だから母は、まわりの人に負けないように厳しく私たちを育てたつもりなんでしょうね。デパートなどでふつうの子のようにおねだりをしようものなら、人目につかないところで叩かれた。母の虐待体験を聞くと、母だけが悪いわけじゃないのか、とも考えるようになったけど……。でも同時に、父親が自分に辛くあたるのは本当の父親じゃないからか、と悟ったんです。そう思ったらふっきれて、男性は触るのもいやだと思ったけれど、風俗で働きました。このキタナイ体で稼いだキタナイカネでおまえはメシを食ってんだと心の中で思って、父親にカネを渡した」」

「伝えたい」気持ちで社会とつながる

「さやかさんは現在、自宅近くで配達のアルバイトをしているが、職場の対人関係がうまくいかず苦しんでいる。すぐに具合が悪くなり、仕事が続かない。誰も私を認めてくれない、と疎外感を感じてしまう。自分の存在が見えないというか、生きているのか死んでいるのかわからなくなり、トイレや更衣室でリスカをする。深くは切らない。かすり傷が残るぐらい。

家に帰ったら風呂場や自室で切る。眠れず朝まで切り続けることも日常茶飯事だ。温かい血が流れ出る。生きている感覚を確かめることができて少しだけ安心する。腕に傷がないと落ち着かない。血はビニール袋に溜めて、鏡の横にぶらさげてある。父親が包丁で食材を刻む物音が、彼女には何者かが襲いかかってくるような恐ろしい音に聞こえる。

「この十年、なんとなく過ぎた。自分を偽ってその場をしのいできた。友人はいたし楽しいこともあったけれど、親の前ではいい子でいる。いまだに親の呪縛(じゅばく)からは逃れることができないし、親を恨むこともできない。今でも好かれたいという気持ちがある。自分が欠陥品だから悪いんだって、自分を責めちゃう……」

今は心身ともに働くことができる状態ではない。しかし、父親はそれを気にも留めず、家にお金をいれられないと「死んじまえ！」と決まり文句のような罵声を飛ばしてくる。近所に別の男性と暮らす母親はさすがに今は暴力をふるわないが、カネをせびるようになった。母はそのなけなしのお金をギャンブルなどに浪費してしまう。

「父や母、まわりのみんなは、私の手首の傷痕を見てもなにも言わないし……。それだけ私に無関心ということでしょう？　今朝は不安で不安で何度も切ってきたの。私にはカネしかないの？　カネを渡さなければ生きる意味はないの？　カネを稼いで渡すことだけなの？　なんで生きているかわからない。気づいてもらいたいのに、ふつうに私に関心を持ってほしいだけなのに。なにも悪いことをしていないのに。かかっている精神科に『人が関心を持ってくれない』と訴えても、『人は自分のことだけで精一杯なんだよ』と言われてショックだった。これだけ私の言葉や痛みが伝わらないなら、死んでしまったほうが気づいてもらえるんじゃないかって思ってる。死ななきゃわかってもらえないのかな。死のうと思えばいつでも死ねるけど、その前に気づいて愛してもらいたいんです。同世代の女の子は楽しそうにしているのに、自分だけ劣っているように思ってしまって。すべて劣っているから友達ができないし、嫌われるって。ふつうに友達と遊びたいし、ふつうに恋愛や仕事がしたいだけなのに……」

彼女はそう一気にふりしぼるように話し、友人に体を預けた。そして奥歯をかみしめるようにして泣いた。

ネット心中という記号だけがメディアをひとり歩きすると、当事者たちの個別の苦悩を想像できにくくなる。たてつづけに起きた心中の当事者の中に、また別の真理子さんやさやかさんがおそらくいたであろうことを、私たちは思うべきである。

社会学者の宮台真司氏は、この現象を次のように見ている。

「自殺者が毎年三万人を超えるのは〝生きる気〟が薄い社会だということ。自殺してはいけないという言い方が、だんだん説得力を失ってきている。自殺にはエネルギーがいります。でもそのエネルギーがない人も、ネットで集団の力を得ることによって、それを補完してしまった。とはいえ、死ぬつもりの人たちが知り合うことによって、生きる力を見出すケースだって多いのだから、そこに希望を見出したほうがいい」

さやかさんと私は以来、ほぼ毎晩、メールや電話でやりとりをしている。今日はこんなメールがきた。

「生きていれば世の中には楽しいと思える人や場所があるんだなってわかった。ほんのちょっとだけ死のうという気持ちがなくなったかもしれない。でも現実にもどるとやっぱり死にたくなるけど」」

(「心中相手募集の掲示板をさまよう若者たち」『婦人公論』二〇〇三年六月二十二日号を改稿)

真理子さんとさやかさんに実際に、会う。相手のとめどもなく流れ出る言葉に耳を傾け、ひとことも聴き漏らすまいと懸命になり、それをパズルを張り合わせるようにして人生の一端を再現していきます。生身の人間と向き合うという圧倒的なリアリティ。そのリアリティの真っ直中(ただなか)で、取材者は相手の心中を思い、相手に対して自分は無力であることをも知っていくのです。

「取材」とは相手とどう関係をつくるか、そして自分をどれぐらい見つめ、その時点での自分を試され、さらに変われるかという「旅」のようなものだと思っています。それが学生にわずかでも伝わり、自分でも実践をしてみたいと思ってもらえればいい。

授業を通して、学生が社会と接点をつくり、考える自分もまた社会のなかで生きているのだという生きる実感を得てほしいと思っています。ぼくの授業では原則として学生の作品の公開はしていませんが、これからは学生と話し合って優秀作品は公開をしていくかもしれません。なぜなら「伝えたい」という思いがその根っこにあるからです。

根っこには「伝えたい」という思いがなければ取材をして書くことはできません。取材とは他者とつながることであり、社会とつながっていくことそのものだと思っています。

註26　メンヘル問題　メンヘルはメンタルヘルスの略。人間関係や家庭問題などが原因で精神的な病になったり、生きづらさを感じていたりする若者の問題。

【対談】ネット時代の取材学

津田大介 × 藤井誠二

グーグルで調べる前にまず本を読むこと

藤井：取材のツールとしてのインターネットは今は欠かせないと思うし、ＳＮＳも使える時代です。かつてなら図書館で調べたものがネットのグーグルで検索すれば、いろんなことがわかる。学生は調べ物をするとき、図書館の利用率は落ちています。まずはググる。

津田：グーグルで調べていろいろなことがわかる時代になったから、グーグル登場以前の調べ物はどうしていたのか思い返してみると、図書館か本屋に行くしかなかった。ぼくにとって革命的だったのが東京の池袋にジュンク堂ができたとき。あそこは新刊書もたくさんあって座り読みがオーケーだった。だからぼくはジュンク堂ばかり行っていました。

藤井：学生に何かを調べるように言うと、まずググるのだけれど、津田さんにとって紙の本を見なくなったのは当たり前のことで、よくも悪くもないという感覚なのですか。

津田：グーグルは確かに便利なのだけれど、基礎知識をオールラウンドに学ぼうとするとけっこう不便だよという話は学生にはしています。例えば「ポスト真実」という言葉がある。この言葉について二時間で学ぼうと思うと、まずは、「なぜそれが生まれたのか」、「そういう定義なのか」、「どういうことと例があるのか」を順を追って見ていかなくてはならない。ネットで「ポスト真実」と検索すると、バラバラな情報が出てきてしまう。

藤井：玉石混交も同時に並べられる。

津田：そうですね。グーグルで検索した上から並んだ順番で学んだ方が理解が進むわけではないので。グーグルで調べていると、意外と三〜四時間経っちゃうのだけれど、得られる知識量は実は多くない。これが例えば新書だったら二〜三時間もあれば読めるわけですよね。体系的にその事象について学べるし、校閲のチェックも入っているので、かけた時間に対して情報の入手効率、正確性がネットより全然いいわけです。まずはそのことを認識しておく必要がある。今の時代、ネットもなんですよ。本とネットで調べて、後は実際に人に会って話せと学生に言ってます。そうすると、本にもネットにも書いていないことがわかる。その人しか持っていないような体験や感覚は、人から聞くことでしかわからないので、この三つを常に情報源として確保しておくことが、情報が多い今のネット時代ならではの必須スキルだと思いますね。

藤井：その「人に会う」ということをベースにして文章を書くことを、ぼくの受け持っている授業やゼミの必須条件にしているのですが、人と連絡を取るのが億劫だと感じている学生が多いことに驚かされています。メディア業界を志望する学生が多いのですが、相手と連絡を取るのに緊張するのはわかるのですが、それ以前に億劫（おっくう）だと感じているようで……。そういうときは、最初のアポだけぼくが取るなど、すこし背中を押します。でも、そのあとうまく転がるかというとそうでもない。

津田：ぼくが大学で編集のことを教えるときにも、最後は必ずレポートを書くことをインタビューを実践させたあとの課題にしています。学生一人ひとりに「誰にインタビューするのか」を聞きます。インタビューする相手が見つからない学生が多いですから、「あなたは普段は何やっているの？」と聞いて、「アルバイト」と答えたら、「趣味は？」「特にないです」「飲み会とか行かないの？」「別に行かないです」「でもアルバイトはやっているんだよね。何をやっているの?」「居酒屋です」「じゃあ居酒屋の店長に話を聞けば?」というふうにいろいろ聞き出していきます。そうやって、学生の日常をこちらが掘っていってやらないと出てこない。

藤井:ああ、同じ光景だ。インタビューしたい人や取材したい人が出てこない。すぐには出てこないかもしれないけど、ノンフィクションの取材やインタビューに関する授業を一年以上やっても出てこない。そうやってこちらから学生の行動エリアを聞き出していって、候補を上げなくちゃならないことは、ぼくの授業やゼミでも当り前になっています。このネタや、この人に取材したいという意思をだんだんと絞っていく学生は、ごく一握りですね。

津田:ぼくは「へえ知らなかったな」、「こんなことがあるんだ」、「面白いことを訊き出せたね」と学生に声をかけて、道筋をある種強制的につけるのもすごく大事なのかなと思います。

藤井:そうですね。ぼくも同じようにしています。最初のアポ取りをするときは、どうして取材をしたいのかを明確にわかりやすく書く「依頼文」を書くことから始まりますが、そこをクリアして、それをまずは手紙や電子メールを出すようにしています。そして、なんとかメールは出すのです。しかし問題はその先。ぼくは「メールをした後に必ず電話をして、相手の声を聞いて、自分の声を伝え、そして取材の意図を生の言葉で伝えること」を必ず指示します。半ば強制的です。

情報や選択肢が「多すぎる」中でどうディスカッションをさせるか

津田：ぼくがやっている編集の授業では、グループディスカッションをさせる。この間びっくりしたことがありました。屋内喫煙の禁止法が国会で流れたというニュースがあって、それについてディスカッションさせたんです。屋内喫煙の是非をグループ分けして、自分の賛否はともかくディスカッションをした。その中で喫煙者は三人しかいないのです。けれど皆、喫煙者に優しいのですよ。例えば小学校は受動喫煙の可能性があって、煙は子どもに影響があるのだから、敷地内禁煙にしようということになっている。吸いたい人は外に出て吸う。職員室でもだめでしょう——と、ぼくが言ったら、「先生にも吸う権利はあると思う」と、けっこうみんな優しいというか、はっきり主張しない。

藤井：相手に対して過剰に気を遣うということですか。

津田：今の若い子は確かに寛容だし、許容もする。けれど言い方を変えると何でもオーケーなのです。喫煙もオーケーだし、LGBTもオーケー、加計学園も森友もオーケー。そういう意味でいうと、何かから否定される、批判される、批判することが素朴に悪いことであるという感じが染みついているのではないかと思いますね。

藤井：未成年や20代の起こす事件等はSNSの意見対立やささいなもめごとから発展することも多いのだけれど、リアルな対話も対立を避けるということですか。

津田：やはりまじめになってよい子が増えた結果、批判すること、ダメ出しをすることに対する忌避感が強くなっているのだろうなと思います。

藤井：教員からダメ出しをされることも嫌だという感覚ですね。言うほうも言われるほうも嫌う傾向はたしかにありますね。テキストについてレポートを書かせて、みんなでディスカッションさせたいのだけど、自分の発表はできるのだけど、人に意見が言えないのです。肯定も批判もしない。ぼくの引き出し方が悪いのかな。

津田：日本はディスカッションの訓練が、幼い頃から教育課程に入っていないじゃないですか。議論の否定というのは人格の否定ではないのだけれど、議論と人格の問題を分けることができなくなっていった。しかし、情報だけはたくさん出てきた。選択肢がものすごく彼らにありすぎる。ありすぎるがゆえに選びにくくなっている。

藤井：選択肢というのは、例えばググるとたくさん出てくる情報ということですよね。

津田：あとはフィルターバブルなんて言われますけれど、今のネット情報のしくみがその人にとって気持ちよい情報だけが入ってくる世界になっていて、「島宇宙」ができていくような影響も大きくなっているのだろうなという気もします。

藤井：取材は実際に動いてみると、取材対象と自分との間にいろいろな「化学反応」が起こるじゃないですか。相手から批判されたり否定されたり、もめたり。そういうふうになるのが嫌なので、生身で会うのが苦手に思っちゃうのかな。でも取材なんかしたことないのだから、「化学反応」がなんなのかはわからないはずです。わからないからこそ、現場の空気を感じにいくというのが基本だと思うのだけど。

津田：現場に行って裏切られたりとか、しょっちゅうですよね。それこそが取材の醍醐味なんですけど。

藤井：「（現場や人の空気を）感じたいと思わないの？」と煽（あお）るように聞いても、ほとんど反応がないんですよね。

津田：コミュニケーションが苦手な学生は多いですね。もっとも自分が大学生だったときもそうだったから責められはしないんだけど（笑）。メディアを目指したいのだけれどコミュ障の学生が多い。でもライターになると取材せざるを得ないじゃないですか。本当は人と関わりたくないから文章だけ書いていればいいとライターになったのですが、じつは逆だったという（笑）。

藤井：質問をしても何分も押し黙ってしまったり、ぼくとの簡単な約束を守れなくても、言い訳すらしないでそのまま無視を決め込む。それに対して理由を求めるとまた押し黙る。人と関わりたくないからライターになるのももちろんありですが、それは私小説や詩を書くのならわかる。取材してものを書くライターは、そういうわけにはいかないことぐらいわかりそうなものなのですが。

ネット時代だからこそ取材スキルが活かせる

津田：ぼくもそういうタイプだったので、ライターになりたてのころはきつかったですね。人とコミュニケーションを取らなければ取材が成り立たないということを雑誌の仕事の現場で学んだことはぼくの人生にとってよい経験でした。10年くらい前から社会運動を始めたんですが、社会運動はより人とコミュニケーションを取らなければいけないじゃないですか。何百人も集まる立食パーティーとか初対面の人と話すのがすごく苦手で、めしだけ食って端っこの方で知り合いとしか話さなかったのですけれど、「これではだめだ」と思って自分で「自分」を変えました。がんばって人と話すようにしたら、取材やインタビューがどんどんうまくなっていったんですね。初めての人と話すとき、コミュニケーションだと思うから辛いんですね。だけど「取材」だと思えば辛くない。それが結果的にコミュ力を上げてくれる。

藤井：じつはぼくも同じなんです。ぼくも人見知りの典型で人と会うのが嫌で、苦手で億劫なのです。でもそれでは取材ができない。大学をすぐに辞めて週刊誌の記者になって、どんなネタでも無理やり兵隊として行かされる環境に自ら飛び込みました。嫌な所でも、嫌な人でも行かなきゃならない。そうするとどうにかしてでも人と話さなくてはいけないから、それを重ねていく内にだんだんコミュニケーションができるようになっていきました。取材に行かないと引きこもりのおっさんになっていた可能性があります（笑）。

津田：ぼくは学生に、「自分はもともとコミュ障だった。君たちも見た感じそうだろう。だけど取材のノウハウというのはつまりコミュニケーションだから、取材のノウハウを活かせば君らはコミュニケーションが怖くなくなるよ」と伝えます。コミュ力が高いやつが社会で成功することはわかっている。けれど、コミュ力は欲しいと思っているけれどどうしたらいいかわからない。それはテクニカルに取材のノウハウを活かせばいいんだ——それを言ったら学生の目の色が変わりましたね。

藤井：ぼくも取材スキルは、たとえば営業スキルとは共通点が多いので、将来、取材スキルはどんな仕事にも役に立つよと言ってます。本書のサブタイトルにそれをつけたのもそういうことです。

津田：取材のスキルはものすごく応用力が高いということはもっと広まった方がいい。

藤井：生まれた時からネットがある世代でも、けっきょくのところは、根っこのところでやることは変わらないということですよね。

津田：加えて言えば、ネットがあることによって取材力を活かせる場が何十倍の掛け算で増えると思います。

藤井：活かせる場というのは例えばどういうことですか。ここに行けばこういう人がいるという情報が増えたということですか。

津田：ネット登場以前の新聞社やテレビ局の強味は何だったかというと、彼らが持っていた専門家のリストだと思うんです。この問題だったらこの人に聞こう、今こういう人がトレンドだと。その人たちの直の連絡先や携帯まで全部わかっていて、それは門外不出のデータだった。ところがフェイスブックとツイッターが出てきたことによって、本人に直接連絡できるようになった。素人や学生でも連絡を取ることができる。昔は出版社に連絡をして、「著者の人に連絡を取りたいのですが」と頼んでいましたよね。出版社が代わりに断ることで依頼がフィルタリングされていた。

藤井：著者と連絡をつけるのは大変でしたよね。

津田：ネット時代が進化するにつれ、マスメディアが専門家の連絡先を独占していたのが崩れ、大学生であってもインターネットがあれば、直に本人へ連絡が取れて、情熱さえあれば会いに行けるわけです。

藤井：情熱と、あとは礼儀ですね。生身でファーストコンタクトを取るときより、ネットで連絡をつけるときはその倍ぐらい丁寧な物言いをしなくてはいけませんね。

津田：その通りです。あと大学生によく言っているのは、「会いに行ったときにはとにかく礼儀正しく、意味のある質問をしろ」ということです。「はいはい、わかりました」と言って全部話を聞いて終わりだと、相手の徒労感が残るだけです。とにかく自分の思っていることを相手の考えと違ってもいいので、礼儀正しく、かつ、多少は失礼でもいいからどんどん質問をする。

藤井：連絡を取る段階から礼を尽くすことが必要です。フェイスブックで友達申請をする段階から、例えばきちんとメッセージを添えるとか。そういうことから含めて段取りを踏むということですね。

津田さんは日頃から学生の取材を受ける機会が多いでしょうし、ぼくもたまに受けているけれど、質問を読み上げるだけというのが圧倒的に多い。さらに残念なのは、質問を列記した紙を用意して上から順番に読んでいくだけというパターンも多い。なぜか全員リクルートスーツで来たこともあって、一人が一つずつ質問を読んでいく。で、決して脱線しないのですね。だからこっちが逆に質問をすると、それでとっちらかってしまいます。けっこう有名な大学の学生たちでした。いちばん大きい理由は準備不足です。質問を考えているのだけれど、なぜそれを聞きたいのか練られていない。逆に直に連絡が取れるようになった分、学生のほうも相当「武装」していかないと失礼になっちゃうと思うのです。

だから、ぼくの授業では本書を一章ずつ読んで著者であるぼくに質問をさせるというスタイルをとることが多いです。「正しい答え」ではなく「いい質問」をして、ぼくが思わずそれに反応してしまって身を乗り出すようにして語ってしまうという「いい質問」が出ると、その学生を高く評価します。何かを読んで「答え」を出すより、「質問」を考えるほうが難しいと思います。

津田：学生にとっては今は特権というか、取材の授業だという理由でいろいろな人に会いに行けるのだから、その特権を活かせと言います。でも相手の時間を無駄にするのは相手に失礼なことだから、とにかくいろいろなことを準備していく。

藤井：むしろ大変な時代だなと思いますね。連絡してからレスポンスが来るのが早いから、その間に準備をするのは結構大変だと思います。話はそれますが、今までぼくは卒業論文の取材とかでかなりの回数、学生の取材を受けてきましたが、「必ず送ってね」と言うのですが送ってくれたことが一度もないのです。津田さん、送ってきますか?

津田：きますよ。でも送ってこないケースもあります。

藤井：授業の発表で使いたいからということで中学生から出版社に連絡がいって、なかなかすごい中学生だなと取材を受けたことがあるのですけれど、さすがに送ってこなかったです(笑)。「ちゃんと送ってね」と言って、コーヒーまで奢(おご)ってあげたのに。でも、大学生が送ってこないのは礼儀違反だな。ぼくは担当するゼミでは、取材相手にはコピーを必ず送るように言っています。実行されているかどうかはわかりませんが。

「ポスト真実」の時代に必要なネットリテラシー

藤井：「ポスト真実」の話なのですけれど、今の学生で、例えばアメリカやフランスの大統領選でのフェイクニュースがどう影響を与えたかには興味がないかもしれないけど、在日外国人へのヘイトとか、生活保護等についてのデマとか、フェイク情報を元にしている。ググると上の方に出るものを疑いもなく信用する傾向がある。これは津田さんも感じていますか。

津田：本当にそうです。やはりツイッター、フェイスブックに流れてくるうそやデマを信じ込んでしまう傾向はあります。昔から「2ちゃんねる」がありましたけれど、アングラだったじゃないですか。アングラだったものがまとめサイトという形になって表に出てきた。そういうものがツイッターやフェイスブックで拡散されて影響力を持ってしまった問題はすごく大きいと思います。

藤井：津田さんの『ポスト真実の時代』にも書いてありましたが、それを見抜くには例えば本と並行して読むなどのリテラシーが欠かせなくて、それは自分がデマに侵されないように防衛することでもあると思うんです。

津田：ネットも絶対に必要なものだけど、ネットはどちらかと言うとテレビや新聞が報じないオルタナティブな視点を得たり、速報を得るものだという認識が大事ですね。だけどその分、信憑性は低いので、話半分で情報に接しなくてはいけない。よく学生に言うのは、「ネットの情報は話を盛りがちな友人くらいに思うといいよ」ということ。友達でいるでしょう、あいつは話は面白いんだけど、いつも盛るんだよねと。ネットはそういう所がある。まさに沖縄の辺野古の問題もそうで、確かにあそこの現場は暴力的に排除されたり、対立はあるけれど、そこの一部分の所だけ基地賛成派たちが動画を撮って拡散すると、「この人たちは本当に暴力的な集団なのだ」という違ったメッセージが伝わる。そこで撮られている動画自体は本物なのだけれど、それ以外が隠されて全く違うメッセージになってしまうことの怖さですよね。

藤井：そこに巻き込まれないためにはどうすればいいのか。どのように学生に伝えればいいのでしょうか。

津田：それは正に藤井さんが編まれた『僕たちはなぜ取材をするのか』に書いてあることですけど、現場に行くことでしかわからないわけです。現場に行って話を聞いていろいろな衝撃を受ける。自分の予断みたいなものが裏切られるという経験をいかに若いうちにさせられるかということでもあるのでしょうね。

真実は現場を取材しないと見えてこない

藤井：ネットメディアで有名人の中川淳一郎さんの、それまで自身が沖縄問題について発信してきたことについて激しい「懺悔」のような記事が出ました。中川さんは、沖縄の問題に対してイデオロギーの「左右」で分けて、おちょくったり、煽るような発言も多くてぼくはいい印象を持っていません。しかし、その記事のタイトルが「「これまでの記事を撤回したい…」沖縄で私はモノカキ廃業を覚悟した」（現代ビジネス2017・3・10）でしたから驚いた。この記事に津田さんも絡んでいたというか、中川さんを沖縄の「現場」に連れて行ったのは津田さんだったのですね。中川さんは、津田さんから「ネトウヨを巻き込んでツイッターの憂さ晴らしのネタに沖縄は使わない方がいい」と沖縄行きを誘われ一泊二日だけどいろいろなキーマンに会ってきたんですね。

ちょっと中川さんの記事を引用すると、「1泊2日という短い時間ではあったが、この2日間で私は「モノカキ」という仕事を廃業せざるを得ないとさえ思い詰め、これまで専門領域外の問題についてしたり顔で語ってきたことを心の底から反省した。（中略）私はネットニュースの編集者を長く続けているだけに、もちろん、ネット空間の特徴や炎上問題については専門家として自信を持って発言できる。しかしながら、そこでやりとりされる専門領域外の問題、例えば生活保護や待機児童問題、在日、日韓関係、そして沖縄については、安易に発言すべきではないと感じたのだった。」と書かれていました。まあ当り前すぎてさらにびっくりした。基本の「き」のレベルの話なのだけど、彼をネット代表という気はさらさらないけど、こういう人がネットで「活躍」していたのかと。

津田：中川君と一緒に沖縄へ行くときに朝日新聞の木村司という人が書いた『知る沖縄』という本を読んできてくれと言っておきました。沖縄の問題がコンパクトにまとまっていてわかりやすい。そういうのが基礎知識としてあると浸透率が上がる。

藤井：ああやって津田さんに修学旅行みたいに連れていかれて（笑）、長々と懺悔の様な手記を書くということに、ぼくはまじめにびっくりしちゃったのです。

津田：沖縄問題を長く取材されてる方から見れば今更なんだって思いますよね。当然そうだと思います。でもぼくも中川君ほどではないにしても、沖縄のことは行って取材をするまでは知らないことだらけでしたから、あの記事を書いた勇気を評価してもらいたいなと思います。ちなみに中川さんのあの文章は沖縄でも賛否両論でした。この間、「沖縄タイムス」の人は「ありがたかった。すごく印象に残った」と。あんな初歩の初歩みたいなものがネットで見えなくなっている時代でもあるのだなと感じました。

藤井：その後、ニコ生（2017・7・31）でブロガーのヨッピーさんとの対談で以下のようなことを中川さんは、「記事って、真摯に書こうと思うとそれくらいの実費をともなうわけですよ。ギャラが高いとか安いとかではなく、現地で取材をしようと思うと、たしかにお金が飛んでいく」とも書かれていて、なんだかさらに痛々しいと思ってしまいました。現場に行って当事者の話を聞き、それにはカネと時間はかかるのは当り前。中川さんみたいにメディア業界で経験も長い人ですら実感としてなかったのか、と驚きました。ようするに何も取材しないで、ネットの情報を貼り合わせるだけでやっていたのかと疑ってしまいます。ネトウヨだけじゃなくても、学生の一部を見ていると、ネットで最初に見たデマ情報で妄想も膨らんで、それが日頃の鬱憤や差別意識と直結して差別意識や偏見を自分の中で醸成させちゃう傾向もあります。そこには「取材」は一切ない。

津田：中川君に基本的な本を読んでおいてと言ったのは、そういう準備みたいなもの、教育現場だったら、お膳立てみたいなものが必要だろうと思ったからです。ちなみにあの中川くんが3月に書いた記事の続編的内容が朝日新聞出版が発行している『Ｊｏｕｒｎａｌｉｓｍ』２０１７年7月号の沖縄特集に掲載されています。こちらは手記的な内容は薄まり、当事者に幅広く取材して沖縄の複雑さの一端を表す内容になっていてよかったと思います。これを読んで彼を連れて行ってよかったと思いました。『ポスト真実の時代』の中で日本文化・文学研究者の日比嘉高さんがぼくとの対談で言っているのは、「結局ポスト真実やフェイクニュースは信仰の問題になっているのだったら、結局信仰の中に入っていくしかない」ということです。その「信仰」している人と何が信じられるだろうと、共通の所を探す。例えば、相手がクリスチャンだったら、「あなたそんなことを言っているけれど、聖書にはこうも書いてあるよ」と。単にファクトをつきつけるだけでは説得されないのであれば、文脈に入りながら説明していくことが新しいジャーナリズムとして必要な方法だと思います。

取材する前の下調べが重要

藤井：ＳＮＳでも情報が取れるようになりました。実際に同業者もＳＮＳで情報収集したりするじゃないですか。あるいはツイッターで「〇〇な人募集」というふうにダイレクトに呼びかける。ぼくはたまたまやらないのですが、ＳＮＳで知り合った人に取材をしたことはあります。やっている同業者に聞いたら、ダイレクトに呼びかけると反応はいいそうです。ぼくもそのうちにやってみようかとも考えますが、それは学生に勧めますか。

津田：ぼくはあまり勧めないですかね。どんな人が来るかわからないし。

藤井：不特定多数の人に対して「こんなテーマで取材していますけれど情報募集」みたいなのは、プロにとっては一つの方法でしょうし、自身のウェブサイトに集まってくる情報と変わりないと思うのですが。特にメンヘラ系を取材する人はそういう手を使っているけど、プロで経験を積んだ人ならいいと思う。犯罪に巻き込まれたりする可能性もゼロではないですし。ぼくもネットで情報提供があったときは、それが「本物」なのかできうる限りの調査をします。偽物かもしれないというリスクが高いですから。

津田:ぼくが震災の直後に東北に取材へ行ったときに、「いま、いわきにいます。どこか取材した方がよい所があったら教えてください」と書くと、そこで結構情報が寄せられて、行ってみてよい出会いがたくさんありました。「直接会いましょう」というのも何件かありましたけれど。

藤井:学生が一人でやるのは勧められないけれど、やるならグループでやることですよね。どんな「釣り」があるかわからないので。ただ、SNSの使い方という意味で、さきほど津田さんがおっしゃっていたようにダイレクトにアポを取る方法は、最大限うまく、かつ慎重に使えば、いい取材につながる可能性もあります。

津田:でもさっき藤井さんがおっしゃっていた「下調べ」に戻ってくる感じがします。この人は会って大丈夫そうか、そうではないか。下調べがあるからこそ安心して会えるのです。いきなり連絡が来た人と下調べが全くできない状態で会うというのは、会って有意義な取材になる可能性も低くなる。そういうことも含めて自分が興味を持った人に下調べをした上で会いに行く。匿名で連絡をくれた人と事前にどれだけの情報のやりとりができるかでしょうね。それしか「下調べ」はできませんから。

ネット時代だからこそ「現場」とコンタクトする際の慎重さが大事

藤井：通常は誰かの紹介で誰かにつないでもらうとか、そういうやり方がスタンダードです。それこそ政治権力と対立している最前線の沖縄の辺野古だったら、初めて行くときは、人を介して行かないと、今だったらネトウヨも来るかもしれないから、いきなり行っても信用されないことが多いです。当然だと思う。警戒されるのは当り前。デマの対象になってさんざん攻撃されていますから。

津田：ぼくも何回行ったかわからないですけれど、一度、親を連れて行ったことがあって。親がスマホで写真を撮っていたら現場の人から絡まれてたいへんなことになりました。よくよく聞くとその直前に基地賛成派が来て写真を撮る嫌がらせをしてたみたいですね。現場の責任者の方からあとで事情の説明と丁寧な謝罪をいただきました。

藤井：地元の活動家と一緒に行かないと話もしてもらえないです。いま政治的にいちばんセンシティブになっている現場で、国家権力がもろに襲いかかってくる現場だし、ネトウヨは嫌がらせしてくるし、逆に簡単に取材に行けるなんて思っていると大間違いです。

津田：中の人にきちんと段取りをつけて、信頼関係をつくってから、何日ぐらいに行こうと思いますと事前に言っておくと、伝わっていると思います。それが一番ベストだと思います。もちろんその段取りにも「段取り」が必要なわけですが。

藤井：いくつかの段取りを踏んでいかないとダメなわけですよね。沖縄ヘイトとか在日コリアンの排斥運動をやっている連中はデマを信じこんでいる。それを潰すには、当事者にきちんと話を聞くこと、それが唯一無二の方法。それは昔も今も変わらない。ネット時代の方が特にヘイトやデマの対象にされているような現場であれば、逆にやることは同じなのだけれど、下調べや手順を踏んでいくという過程は以前よりも大変なのではないかなという気がします。一昔前なら、いきなり行っていっしょに酒飲んで親しくなるみたいなかんじでよかったかもしれないけど、今はこちらが疑われるということもある。スパイじゃないかと。ネット情報過多時代、ポスト真実の時代となると、作っていかざるを得ない人間関係がより複雑になって、そこに注ぎ込むエネルギーはむしろ以前より大変になってきている気がします。濃密なコミュニケーションとスキルの多さもより求められる。

津田：単純に右左というイデオロギーみたいなもので距離がはかれる状況じゃない。

藤井：そうですね。さきほど「信仰」というお話をされたけれど、今は「右左」でもない「信仰」があって、その信仰がヘイトだったりすることが多いのだけれど、そこを乗り越えてどういったコミュニケーションをするか、かつてよりも相手が誰であれ力量がいると思います。

津田：何でこんなにネット右翼や右派保守の人の方がネットで存在感が出てきているのかと言うと、これまでに単に話を聞いてもらっていなかったからです。左派の人がネットを苦手なのは理由があって、戦後民主主義でメディアが強かった。メディアは基本的にリベラルだったので、リベラルな人がネットで何かを言っても勝手に新聞やテレビが取り上げてくれた。だから自分たちで発信していこうという工夫をしなくても、自分たちの意見が世の中に出回ったのだけれど、保守や右派は全くなかった。そういう中で地道にやってきたのが、日本会議であり、ネットが登場した時に「ここだ！」と在特会が出てきたりしたので、右派の方が筆まめになるわけです。

誰もが発信できる時代に求められる正義と覚悟

藤井：多摩川の河川敷で中学生が殺害された事件が起きたとき「有名」な中学生が、メディアを賑わせましたね。彼は今は高校生か大学生になっているのかな。自分で撮影して投稿した男の子がいたでしょう。

津田：ドローン少年ですね。

藤井：今の時代はああいう取材ができる。あのとき少年はある意味で正論を吐いていて、「マスコミは撮っているのに何でぼくは撮っちゃいけないんだ」と止めに来た警察官に抗議をした。

津田：マスコミはあれを「いきがった素人の子どものお遊び」と切り捨てちゃいけないですよね。本当は彼みたいな子にちゃんと「取材のときはちゃんとこうしないと。君がやりたいことを撮るのだったらこうやんなきゃ伝わらないよ」ということを教えてあげる機会はなかったのかなと思います。

藤井：ぼくもそう思っていた。あの子がああいう活動を今も続けているのかわからないのですが。

津田：やっていますね。この間も何かでもめていました。ドローンではなかったけれど、また何かでもめてトラブっていましたよ。彼は名門の中高一貫校も退学してしまったんです。

藤井：そうでしたか。ああいう方法で誰でも取材し、発信できるけれど、あれをどう考えればいいのか。ああいうことを実際にやる若い子はきわめて少数だと思うけれど、今のネットのツールを手にしたとき、何かにかられて発信したいという子は出てくる。どう思いますか。

津田：ツールがあってできてしまう。取材をして文章を書く、あるいはしゃべるという立場の者は、どこかでその書いたものの影響力や反響を常に考えて書かなくてはいけないはずなのだけれど、その部分が彼の意識から抜け落ちていると思います。彼に言わせると「マスコミがやっていることは自分たちがやっていることの影響力をどれくらい考えているのだ」というふうに返ってきちゃうと思うけど。

藤井：ブーメランみたいなものだけれど、「あんなのは頭のおかしいガキだ」で終わっちゃったでしょう。でもああいうふうにやりたい子は潜在的にいると思う。とにかく悪いやつを晒したいみたいな感覚が優先してほめられたものではないけど。

津田：彼みたいな子は事件の氷山の一角だけ見ていて、何か伝えるということが自分の中だけの「正義」と結びついちゃう。難しいです。伝える側は何らかの自分の中の良心や正義みたいなものを実行するために取材して原稿を書くわけだけれど、「正義」に支配されて、実効力をより高めるために話を盛ってしまったりする誘惑とも常に戦わなければいけない。

藤井：SNSやブログ、動画配信までふくめて今の若い世代は発信するツールは無数にある。それも匿名で。ですが、実際に行動に移す学生とかはほとんどいないでしょう。

津田：少ないですよね。そういうメディア系の大学とか学部の学生と話をして、「ドキュメンタリーとか撮りたいんですよ」と言っていて、「撮ればいいじゃん」と。「きみiPhone持ってるじゃん。iPhoneで撮影もできるし、編集までできるぞ」と言っても、やはりやらないのですよね。

藤井：取材から発表までを一つのサイクルと考えると、うまくバランスを取ってやらなくてはいけないのですが、そこを刺激するためにはどうしたらよいのかなといつも考えるのです。取材したことを伝えたくなる、この気持ちが基本じゃないですか。だけど伝える前に立ち止まって考えることとか、勉強することが膨大にあります。社会的に発信した者として、その反響を受け止める覚悟もとうぜんいります。ここそこそとヘイトを匿名で書き込んでいる、憂さ晴らしネトウヨ連中と同列になってほしくないですから。

「何を聞きたいのか」という目的を明確にしていけば、取材力はついてくる

藤井：ぼくが質問してもまったく発言できない学生が毎年必ずいます。何を質問しても黙り込んでしまう。これじゃあ取材はできないだろうと思っていた。しゃべらないと取材はできないから困ったなと思っていたら、書くことはすごく達者だった。だから書くこと、つまり筆談のようなかたちで取材できないかと、その学生と相談したりしました。でも、なかなかそういう対象は見つからなくて、その学生が安心してしゃべる相手として、自分の祖父母を選んだ。その学生は祖父母の戦中・戦後史を書いてきた。それがすごくいいレポートでした。自分で図書館へ行って調べて、もちろんネットも使って祖父母の住んでいた地域の空襲の歴史を調べ、祖父母のオーラルヒストリーと重ね合わせて規定の倍以上の文章を書いてきたんです。

津田：いいですね。

藤井：何か意見を求めても、緘黙（かんもく）というくらい発語ができない学生は意外に多いです。そういう学生はどう取材をしたらいいかも、ぼくは常に考えるようにしています。取材活動というと対象に向かって、饒舌にインタビューするふうに思われると思いますが、それだけが方法じゃない。

津田：取材は、いろいろな人間同士の短いコミュニケーションの中で、ある種の信頼関係を築かなくてはいけないという、相当ハードルの高いことをやらされる。だから、最初からそんなにすぐにうまくいくわけがないのだけれど、準備がある程度ちゃんとしていて聞きたいことがきちんと明確になっていれば、三分だけでも通じ合う瞬間があったりする。その短い取材時間にコミュニケーションの本質みたいなものがぎゅっと詰まっているともいえますよね。

藤井：そうですよね。ぼくも取材は非日常的なコミュニケーションだし、「聞く」「聞かれる」が圧縮されたようなところがある。もちろんそういう取材だけじゃないけれど、「伝える」という目的がある関係性ですよね。だからこそできる質問や会話があるとくり返し学生には言っているのですけれど、それは何回か経験しないとわからないものじゃないですか。

津田：何度もやっているうちに、自分もうまくなっていくというのもあるのでそれをやった方がいいです。

まとめサイトは読ませないほうがいい

藤井：さきほど、対立を恐れて学生が議論しないという津田さんのお話とも関連しますが、何かを書かせるときは、最初にネットで検索するのですけれど、わりと結論を最初に決めちゃっていることが多い。あれは中学や高校のときについたくせなのかな。学生に聞いてみると、やっぱり中高校生の時にそういう調べ方や書き方を教わってきたと言うのです。そうすると、いくつかネットで調べて、だいたい三つぐらい意見があるなと把握する。その中から自分の意見に近いものを見つけ、それを少しアレンジしたような結論に向けて書いていくというんです。そういうときはネットで調べるだけで足を使った取材はしないのですが、くせはついてしまっている。

津田：答えが先にあるということなのですよね。それはネットでそういう結論がいくつも先に知れてしまうことの弊害かもしれません。

藤井：先に結論があってそれを補完するために取材がある。そういう順番になっている傾向も感じるんです。だから取材の重要性やたいへんさがなかなか認識できないのはとうぜんなのかなと思う。ネットに接続すると、世界の入口がいっぱい見えて、それはそれでいいのだろうけれど、問題はその先を少しでも自分の力でどうしていくかですよね。

津田：取材で大事だなと思うのは、人と話すことで自分の考えが定まってくるということがあります。相手と話して聞いているうちに、自分はこうなんだなと。自分はふわっとした結論しか持っていないのが、取材という非日常のコミュニケーションをすることで考えが定まってくることがある。取材をするときもそうだし、されるときもそうですよね。取材されてしゃべっているときに「ああ、俺は実はこういうことを考えていたんだ」と気がつく。

藤井：そういう経験はぼくもしょっちゅうしています。ところで、学生は新聞を読みません。学生たちはネットのニュースサイトは読んだ方がいいと思いますか。
津田：難しいです。ネットでも、朝日新聞デジタルのニュースだってあるし、電子書籍だってある。別にネットだからどうというのはないでしょうけれど、まとめサイトは読まない方がいいでしょうね。
藤井：トゥゲッターとか2ちゃんのまとめ掲示板ですか。でも、まとめサイトは皆好きですね。「寝る前に何見てるの」と聞くと、まとめサイトだと言います。
津田：学生はまとめサイトしか見ていないですね。ぼくはまとめサイトで国が滅ぶと思っています。楽しいのはわかるのですが、ジャンクフードみたいなものですから。
藤井：ジャンクフードが好きな人にもっと健康にいいもの食べなよと言うのは、難しいですね。ぼくは新聞を読めとは言いませんが、本はできるだけ読んだ方がいいと言っています。
津田：必要な情報はネットで新聞の記事が入ってくればいいので、ぼくは新書を読むことを勧めています。何かこれを知りたいと思ったのなら本屋へ行って、新書コーナーで本を読むのがよいとは伝えています。
藤井：SNSでの情報収集はどうですか。意外とやっていない学生も多い。
津田：フェイスブックは疲れたという学生も多いです。相互監視システムみたいなものじゃないですか。ラインは皆やっています。でもラインはSNSというか単に連絡手段なので。
藤井：SNSはどんどんおっさんおばさんのツールになっていて、若い世代は離れていっている感じがするのですが。
津田：でもツイッターは若い子もやっていますよ。ぼく自身も興味関心がある話題はツイッターで知ることが多いので、情報の入手手段、ニュースネットワークとしてはいまだに優れていると思います。

藤井：ツイッターを使うなら、ぼくは自分なりに「情報の水先案内人」みたいな人をフォローしてニュースを見るように学生に伝えます。ツイッターは自分の興味がある領域の情報を得るためにしか使っていないようなので。

自分に合ったSNSを使いこなす

藤井：フェイスブックとツイッターの違いは『ポスト真実の時代』の中でも少し触れられていますけれど、使い分けはこうした方がよいというアドバイスは学生に対してありますか。

津田：未知の人、未知の情報と出会うのだったらツイッターがよくて、フェイスブックの方がよりフィルターがかかっている感じはします。自分に合う方を選べばいいんじゃないですか。コミュニケーションのペースって人それぞれです。さきほど藤井さんが言った、家族とは話せるけど、それ以外の人と話すことはできない学生と似ています。フェイスブックの方が心地よい人もいれば、ツイッターにて匿名で好きにやっている方が楽だという人もいると思う。大事なのはコミュニケーションのペースって人それぞれで、SNSは苦痛を感じながらやるものではない。苦痛を感じるくらいなら止めた方がいい。自分のペースでやれるSNSを見つけて、それをマイペースで使うことですかね。

藤井：SNSで攻撃されて人格が変わってしまい暴走するとか、精神を病んでしまうぐらいになってしまうとか、依存しすぎるとか、そういう「現実」は多々あるので、そういったことも学生には知っておいてほしい。情報収集するなどの目的があるときだけと決めて使うとか、そういうふうに自分なりのSNSとの「距離」を持ってほしい。

津田：ぼくはグーグルを使う回数が減ってきています。ツイッターで検索する方が多いですね。グーグルはスパムが多すぎるのでツイッターで検索した方が目的の情報にダイレクトに行きやすいです。

藤井：話がずれるかもしれないけれど、この間、ある有名なドキュメンタリストのゼミの学生がぼくにインタビューをしに来たのです。5〜6人くらい来たのかな。そのときに「君ら（そのドキュメンタリストの）作品を観たことがあるの？」とたずねたら、誰も観たことがなかった。

津田：えー！　すごいな、それ。

藤井：ぼくがそこで怒ってもしかたがないのだけれど、その後、そのドキュメンタリストに会ったときにそれを伝えたら、「今はそんなのあたりまえだよ」と言われた。津田さんの本を読んでいなくても津田さんの授業に入ってくるんですか。

津田：授業に来る学生も読んでいないでしょうね。

藤井：ぼくのゼミ生も誰もぼくの本は読んでないようです。教科書に指定してある、本書だけ買いますが事前には読んできません。だから授業中に読ませています。「取材学」の話とはずれるかもしれないけれど、少なくとも自分が身近に接するメディアのことを教わる人の本くらい先まわりして読んでおいてほしいと思うのです。授業とは関係ないから必要ないと思ってるのかな。ほんとうなら数冊は読んできてほしいというのがぼくの本音。

津田：ぼくがやっているのは、毎週授業にゲストを呼んできて最初の半分位は、学生の自己紹介とぼくからゲストへの質問。後半はゲストに対して学生たちからのインタビューという形式にしています。その授業はけっこうスパルタで、必ずその人の本を指定してこれを読んだ上で、本に書いてあることは質問するなと決めています。
藤井：書いてあることは質問するなと。なかなかレベル高いですね。
津田：書いてあることは読めばわかるから。授業が終わったら毎回レポートを出させます。最低でも来た人に失礼にならないように本を読んでこさせます。
藤井：わりと今、週刊誌の記者なんかもウィキペディアだけを読んでインタビューに来る人が多いでしょう。かなり前からそういう傾向があるのだけれど。
津田：やばいですね。
藤井：そのウィキペディアをそのまま信じてくるから、そこに書いてあるうそも普通に聞いてくる。ぼくは何度もそういう経験があります。だから学生に云々（うんぬん）言うよりも、まずプロとして活動している自分たちを律しなきゃいけないと思います。
津田：わかります。ぼくも、誰かが取材に来たときに「こいつはよく事前に調べているな」と一目でわかりますもんね。
藤井：学生には普段から関心がある領域の本は読むようにと言っています。急に調べ出しても間に合わない。急に取材に行くことになっても、とりあえず何か会話ができるように普段からちゃんと読んでおくようにと。ちょっとずつでもいいからやっておくことが大事で、急に誰々の本を読めと言われても、膨大な著作がある人の本はチェックできない。そうするとネットで調べるのですが、もうそれだけで食傷ぎみになっちゃう。

津田：確かに情報が多すぎるとそうなります。「とにかくこれだけは読んでおきな」という入口を指し示してあげるのも教える側の役割なのかなと思います。

ネット時代に求められる取材力とは?

藤井：ぼくの授業では調べものにスマホを自由に使って、知らない人名や本のタイトルなど、すぐに調べる習慣をつけるように言っています。テキストを配ったときは、その中で読めない漢字や意味のわからない言葉が出てきたときもすぐに調べるようにと。毎回短いレポートを書かせて、それを出欠がわりにしているので、スマホでゲームをやったりしている余裕はないはずです(笑)。

津田：ツイッターもいいし、パソコンも使っていいよとぼくも言っています。ただ、私語だけは止めてね、私語だけは追い出すからね、と伝えています。私語は学びたい人の権利を奪っちゃうから駄目だと。授業の最初にきつく言っておくと、案外私語はない。

藤井：ぼくの授業も私語はほぼ皆無。スマホの持ち込み自体を禁止しているところもあるようですが。まあ、それでゲームしたり、友達とやりとりしているからでしょう。

津田：わからないときにすぐに調べる。それが正しいスマホの使い方じゃないですか。それは本質的な話で取材の話とも関わってくると思うのですが、若い子は検索するキーワードが思い浮かばないのです。検索は何かを調べるときに、二つ目のキーワード、三つ目のキーワードがあると、すごく情報に行きつきやすくなるじゃないですか。我々だったら、例えば沖縄の辺野古についてならば、「辺野古」「訴訟」「SACO合意」とか、二つ目、三つ目のキーワードが浮かぶから情報へ行きつきやすいのだけれど、一個しか思いつかないから、上の方のスパムのジャンクな情報にしか行きつけない。だからワードを獲得するのがものすごく重要なのです。複数の検索ワードを獲得し、その場で調べるのはよいと思います。

藤井：なるほど。検索させる時に、よく目の前でさせることがありますが、指が止まってしまうのはそのせいだったのか。最初の検索ワードだけで、その次とその次を言わないと調べられない学生が多いわけですね。

津田：だから二つ目、三つ目の検索ワードを思い起こさせることが大事ですね。

藤井：それができるようになれば、ネットでものを調べる質が格段に違ってくるということですよね。そのためにはやはり、あらかじめ全体を知っておくことや、何かが争点になっているのかなどを浅く広くでもいいから知っておく必要がありますね。

津田：これからのネット時代に求められる取材力というのは、そのキーワードを自分で構築できる能力を身につけさせることでもあると思います。基礎と応用みたいな。基礎的な資料や本を一冊だけでも読むか読まないかで、ネットで調べたり、現場に行ったりしたときの成果が全然違ってくる。問題の本質を知りたいと思うきっかけや道筋をどうやって作るのかが今まで以上に重要になってくると思います。

藤井：ネットの情報が多いということは、紙の情報も多いということじゃないですか。そこをどういう風に基礎と応用をうまくやれるかということでしょうね。紙だけの時代から基本的にはやることは変わらないけれど、より高度なリテラシーや情報の仕分け力も必要だし、逆にやらなくてもいいことに追われていることもわかりました。ありがとうございました。

（二〇一七年七月　東京・六本木にて）

親本『大学生からの「取材学」』のあとがき

レギュラーだった明治大学（東京）での講座は二年間で辞めさせていただきましたが、愛知淑徳大学（名古屋）で非常勤講師として受け持つ講座はいまも続けています。今後は「メディアプロデュース」に特化した学部が新設されるにあたり、そこに組み込まれ、通年のゼミ方式の授業となる予定です。第一線で表現活動をしている小説家や脚本家、漫画家らが講師として名を連ねていて、「実学」カラーを前面に押し出した陣容となっています。これは、いま全国的に大学で進められている「再編」の動きに逆らいません。同業者の知人にひさびさに連絡を取ると「いまどこどこ大学で教えている」という近況報告を聞かされることが多くなりました。大学によっては学生に実際に取材をさせて短編ノンフィクションを書かせ、商業雑誌やインターネット上で公表しているところもあります。幅広いテーマを扱うライターを育てる講座もあれば、反権力的な意識を養うためのジャーナリスト講座や、編集者を育てる講座もあります。

ぼくはかねてから、メディアにおける取材方法や取材経験知を集積して、それを「学」として昇華していけないだろうかと思ってきました。ある作品に触れるとき、ぼくは読み手（受け手）であると同時に書き手（伝え手）であるせいか、この作品はどういう着想からスタートし、どういう取材方法で進められ、表現者はどのような意識変遷を遂げたのかが必ず気になります。歴史的なスクープから週刊誌のちいさな記事まで、記事や作品の大小を問わず、取材の過程で立ちあらわれたであろう出来事が気になるのです。

活字であっても映像であっても、優れた作品がどういう動機で構想を練られ、取材が進められていったのかを学ぶことは、それを志す者にとって役立つのはもちろんのこと、そのなかに詰まっている悲喜こもごもの人間ドラマとの邂逅でもあります。

誰と出会い、どんな話を聴き、なにを見て、いかなる壁が立ちはだかり、最終的に作品に結実させていったのかという過程は、さまざまな人間関係を構築してきた軌跡ともいえます。もちろん、個々のドラマから容易にマニュアルを引き出せるものではありませんが、あらゆる仕事や人生の場面に生かすことができる、あるいは「使う」ことができる失敗や成功が内包されているのです。それをぼくはもっともっと知りたいのです。

取材・質問する楽しさ、苦しみ、悦び、煩悶……。

結果はなにがまちうけていようと、ぼくは人の話を聴くのが好きです。

本音をいうと、取材している過程は好きなのですが、それをまとめるとき、つまり書いて一定の結論を出さねばならないときが苦痛です。いえ、いつも結論など出せません。精神科医の名越康文さんは、相手の話を聴く技術として、「相手の話にピリオドを打たないこと」と言いました。かっこよくいえば、結論を出すことで「取材」にピリオドを打ってしまうことを、ぼくは無意識のうちに避けているのかもしれません。ですから、いつまでも取材を続けていられたらなあとよく思います。でも、それでは書き手失格かもしれませんが。

練りに練られた質問とは、ときにいい答えよりも本質をついていることがあります。日本の学校ではいい質問より、いい答えのほうが圧倒的にほめられる傾向がありますが、いい質問とは思考の整理があってこそ発せられるのであり、答えを導き出すよりも煩悶している証拠であると思います。

「藤井さん、いまのはいい質問だ」

ぼくが最初にそう言われたのはドイツの新聞のシュピーゲル紙の東京支局の記者からだったように思います。ぼくはまだ二十代前半でしたが、そう指摘をされてすごくうれしかった記憶があります。そんなことを言われたことがなかったからです。いい質問や取材とはなんだろう。先達の取材術や経験知に関心を持ち出したのはそのころからだと思います。

いい質問はどうでもいい答えよりも相手にとって有益なことがあります。その応酬は聴き手と話し手を深くつなぎ、両者のあいだで濃密なメッセージが交換されることにつながっていくはずです。

そういう意味では、「いい質問」を核とする「取材」という営為は表現系の専門職に限られた手段ではなく、どんな仕事に就こうとも生かすことができるはずですし、幅広い人間関係の構築に役立つはずだと思います。また「取材」をする人間を精神面で鍛えていくので、他者や社会と自分自身を結びつけながら、自己を啓発していく方法論として年齢を問わずに実践していくことができると思うのです。

最後になりましたが、講談社の丸木明博さんと浜野純夫さんからは貴重なアドバイスをいただきました。授業に来てくださった友人・先輩方々、そして粘り強く編集作業をしてくれた齋藤太郎さんに御礼を申し上げます。そして学生のみなさん、これからもよろしくお願いします。

筆者

『ネット時代の「取材学」』あとがき

本書の親本の『大学生からの「取材学」』は、おかげさまで高評をいただき、いくつもの他大学等でテキストとして使ってもらっています。その後、徳間カレッジ文庫に入り、今回あらためて津田大介さんとの対談を加え、タイトルも変更して三たび日の目を見ることができました。ひとえにＩＢＣパブリッシングの浦晋亮さんのおかげです。浦さんとの長年の友情に感謝します。

私は現在でもまだ、本業とは別に大学の非常勤講師として講座を受け持っています。学生さんといっしょにノンフィクション作品を読んだり、じっさいに取材に出てもらい「書き手」になってもらう実践的講座には、メディア業界に進みたい学生さんはもちろん一定数来ますし、違う職業に就きたいけれども「取材」を学ぶと役に立ちそうだと思って来る人もいます。また、将来やりたいことを探すために入ってくる学生さんまでいて、受講動機はさまざまですが、みな熱心に聴いてくれます。ありがたいことです。「取材学」と自分で称していても体系的な教え方などありませんから、その時々の学生さんの希望や興味、関心などを勘案しながら進めています。

数年前からゼミも担当するようになり、ゼミ生といっしょに二年間をかけてノンフィクションを書く講座も行っています。取材のイロハを学びながら、最終的に卒業制作として二万字以上のノンフィクションを書き上げることがゼミ生の課題となっています。取材する事象を決め、いろいろな人に会い、資料をあたり、二万字以上の作品にまとめ上げるのはなかなか至難の業です。ぼくはいまでも四百字づめ原稿用紙の感覚で考えてしまいますが、それが五十枚以上ですから、生業としている者にとってもたいへんな分量です。学生さんたちは四年生になると胃に穴があく思いをしながら—実際に締め切り間際に胃炎で入院した学生さんもいました。退院してぎりぎりで書き上げることができましたが—取材と執筆にエネルギーを注いでいます。ぼくの役割はそれをサポートすることですが、ときにはアポイントメントを取るのも手伝います。アポの取り方もひととおりは勉強するのですが、じっさいにやってみるとセオリーどおりにはいかないので、難航することが少なくありません。

ちょっとだけ愚痴をいくつか。

本文ですでに触れましたが、メモを取らない学生さんが目立ちます。ノンフィクションをほとんど読んだことがないのだから、ぼくがしゃべる書き手の名前や著作名はとうぜん知らないはずですが、ただ聴いているだけ。教室が狭いせいか居眠りはほとんどなく、集中して聴いていてくれるのですが、手が動かない。

メモを取るというのは、取材の基本の「き」、インプット・アウトプットの大原則、発想の源のはずですが、そのことを何度口を酸っぱくして言ってもなかなか、できません。こうしたことは習慣化してほしいなと思います。

あと、指示された本しか読まない傾向もあります。指示された同じ著者の本を他にも何冊か読んでみるとか、そういう単純な世界の広げ方なのだけど、それがない。ぼくが指示した本を読み、レポートを書いてくるだけでへとへとになってしまうのはわかります。そして、ほとんどの学生さんがアルバイトにかなりの時間を割いているので、本を読む時間がない事情も承知していますが、ちょっと残念に思うのです。

これはすでにずいぶん前から指摘されていることですが、インターネットは調査ツールとしては欠かせないものですが、インターネットでの検索ばかりやっていると、取材をする前から「結果」をさがしてしまう癖がついてしまうようです。仮説を立てるのはもちろん大切なことですが、取材に出かける前から、すでに誰かが書いている「結果」に引っ張られてしまう。自分の身体をそこに運び、生身の取材をすることにより、いろいろなことに迷ったり、戸惑ったり、悩んだり、ときには取材行為を挫折したりする。そういう経験をしてほしいのですが、最初にネットで調べまくっていくと、そういう行為を避けがちになるような気がします。

それと関係があるかどうかわかりませんが、取材交渉が難しそうな事象や相手に挑むことにも積極的ではないようです。開講期間が限られていることもありますが、安全パイというか、想定内の結果を得る範囲でしか取材に動こうとしない傾向があります。人物ルポを書くときは、友人とか、あらかじめよく知っている人を選んでしまうのです。

それも一つの選択ですが、面識のない人に連絡をとり、会ってみて、そこで起きるさまざまな「化学反応」を経験してほしいのです。取材を断られたり、インタビューがうまくいかず、へこむこともあるでしょうし、逆に予想もできなかったような話を聴くことができて、小躍りしたくなるかもしれない。そういう、自分自身に何か変化をもたらすかもしれない、発見があるかもしれない、ちょっとした冒険をして、その前で起きる偶然を受け入れていくことをしてほしいとぼくは思っているのですが、学生さんにとってはそれがトラブルに思えてしまうのでしょうか。

人に会って話を聞き、言葉を記録し、資料や史料にあたり、あるいは自分で体験をする。自分自身の生活や人生をありのままに書く。こういうプロセスの中で「世界」は自分の知らないことだらけだということを知り、それまでの自分の人生が試され、精神が鍛えられていきます。それこそが「取材学」の本質だと思っています。津田大介さんとの対談で再確認をしましたが、インターネットネイティブの世代でもやるべきことの原則は変わりません。それに加え、インターネットの利便性を最大限かつ慎重に使いつつ、その「特性」に絡めとられないように警戒しなければならず、自らの言動を常に検証する必要があります。

大学生や十代の方々にとって「取材」という経験がその先の人生を生き抜いていくための一つのステップになることを願って、ぼくは今日も大学の教室の扉を開けます。

二〇一七年八月

藤井誠二

この作品は二〇〇九年七月講談社より刊行された『大学生からの「取材学」』、二〇一五年三月に徳間カレッジ文庫より刊行された『大学生からの「取材学」』を加筆修正しました。

著者プロフィール

藤井誠二（ふじい せいじ）

ノンフィクションライター。1965年愛知県生まれ、愛知淑徳大学非常勤講師。『人を殺してみたかった――愛知県豊川市主婦殺人事件』、『殺人を予告した少年の日記――愛知県西尾市「ストーカー」殺人事件』、『「脱社会化」と少年犯罪』（創出版 宮台真司氏との対話）、『少年の「罪と罰」論』（春秋社 宮崎哲弥氏との対話）、『開国マーチ』（実業之日本社 荒木経惟氏との共著）、『暴力の学校 倒錯の街』（朝日文庫）、『殺された側の論理』（講談社）、『「悪いこと」したらどうなるの?』（理論社 よりみちパンセ）、『大学生からの取材学』（講談社）、『「壁」を越えていく力』（講談社）、『沖縄 オトナの社会見学 R18』（亜紀書房 仲村清司氏、普久原朝充氏との共著）、『死刑のある国ニッポン』（河出文庫 森達也との対話）、『僕たちはなぜ取材するのか』（皓星社 中原一歩、上原善広、安田浩一、尹雄大、土方宏史、森達也との対話）等、著作、対話（共著）本含めて50冊以上を発表。ラジオパーソナリティや、テレビやインターネット番組のコーディネイターも務める。近刊に、『沖縄アンダーグラウンド――「浄化」された沖縄の売買春町の内実と戦後史』（講談社）がある。

ネット時代の「取材学」
真実を見抜き、他人とつながるコミュニケーション力の育て方

2017年10月5日 第1刷発行

著 者 藤井 誠二

発行者 浦 晋亮

発行所 IBCパブリッシング株式会社
〒162-0804 東京都新宿区中里町29番3号
菱秀神楽坂ビル9F
Tel. 03-3513-4511 Fax. 03-3513-4512
www.ibcpub.co.jp

印 刷 株式会社シナノパブリッシングプレス

Printed in Japan
ISBN978-4-7946-0503-0

装 幀 水戸部 功